城市轨道交通全自动运行系统设计与实践

杨树松 马彦波 魏 军 王向阳 ◎ 编著

西南交通大学出版社
·成 都·

图书在版编目（CIP）数据

城市轨道交通全自动运行系统设计与实践 / 杨树松等编著. —成都：西南交通大学出版社，2022.8
ISBN 978-7-5643-8830-0

Ⅰ. ①城… Ⅱ. ①杨… Ⅲ. ①城市铁路 – 轨道交通 – 自动驾驶系统 – 设计 Ⅳ. ①U239.5

中国版本图书馆 CIP 数据核字（2022）第 141034 号

Chengshi Guidao Jiaotong Quanzidong Yunxing Xitong Sheji yu Shijian
城市轨道交通全自动运行系统设计与实践

杨树松　马彦波　魏　军　王向阳 / 编著

责任编辑 / 张文越
封面设计 / 吴　兵

西南交通大学出版社出版发行
（四川省成都市金牛区二环路北一段 111 号西南交通大学创新大厦 21 楼　610031）
发行部电话：028-87600564　028-87600533
网址：http://www.xnjdcbs.com
印刷：成都勤德印务有限公司

成品尺寸　185 mm × 260 mm
印张　11.75　　字数　285 千
版次　2022 年 8 月第 1 版　　印次　2022 年 8 月第 1 次

书号　ISBN 978-7-5643-8830-0
定价　48.00 元

前言

PREFACE

自 2009 年宁波市第一条轨道交通项目开工至今，宁波市轨道交通在不断的探索、学习和实践中，“从无到有，从有到优”，总结了宁波特色的轨道交通建设、运营以及资源开发经验，在大大小小的行业评奖和科研攻关中取得了不俗的成绩，为中国城市轨道交通发展做出了贡献。

“腾笼换鸟、凤凰涅槃”是习近平总书记执政浙江时期提出的发展思想指引，旨在鼓励创新驱动、加快转型升级，实现社会发展跃升。2019 年，宁波市轨道交通步入了第二个十年发展周期，宁波市轨道交通深入研究了《交通强国建设纲要》，提出了“智建、智行、智维”的智慧化轨道交通发展的战略，要在吸收国内外同行建设、运营先进技术和先进管理的同时，引领浙江省轨道交通向“自主创新、自主技术、自主品牌”发展，实现浙江省轨道交通的“腾笼换鸟、凤凰涅槃”。

全自动运行系统具有更高的可靠性、安全性、可行性、可维护性及自动化水平，是轨道交通智慧化的核心业务。宁波轨道交通 5 号线一期工程是浙江省首条全自动运行线路，工程建设的“难点多、工期紧”。面对困难，宁波市轨道交通始终坚持“守正创新、敢于担当、主动作为”的精神，砥砺前行。5 号线一期工程在 2021 年 12 月高水平开通，并实现预期突破：

一是充分吸收了上海、成都等城市的经验，并结合宁波轨道交通自身需求和业务经验，自主完成全自动运营场景设计和全自动运行功能设计，在没有咨询单位介入的情况下，实现了自主创新的突破；

二是整合了公司资源，成立了全自动运行项目部，统筹组织全自动运营场景设计、联调联试、试运行等重要工作，培养了第一批宁波智慧轨道交通技术骨干，实现了自主技术的突破；

三是采用全过程、全方位管理方式控制风险，自主组织了 108 个运营场景，13000 余个全自动功能遍历测试，合格率 100%。短短 4 个月完成了全自动运行系统动车调试及联调，创造了全自动运行系统调试“宁波速度”，也为浙江省轨道交通企业打响了行业声誉，实现了自主品牌的突破。

本书以宁波轨道交通 5 号线一期全自动运行为基础，凝聚了 5 号线参建全体同仁的智慧，分为四个板块总结了项目实施经验：

第一部分，从第一章到第四章，按照正常运营场景、故障运营场景、应急运营场景和智能调度场景详细论述了宁波轨道交通 108 个全自动运行系统运营场景需求。

第二部分，为第五章，根据第一部分全自动运行系统运营场景需求，分别论述了信号、车辆、综合监控、通信、站台门等系统之间的接口需求、接口连接、交互数据及接口功能。

第三部分，为第六章，依据运营场景目标、系统和接口规范，此章节论述了全自动运行系统及各子系统间的功能验证方法，包括了全自动运行系统的现场测试范围、测试内容、测试方法、测试步骤、预期结果和测试组织等。

第四部分，包括第七章和第八章，此部分总结了运营参与工程建设的经验，论述了基于运营场景需求的段场、线路和系统设计要求，全自动运行系统调试管理经验，运营筹备管理经验。

本书于 2022 年 5 月完成了撰写，恰逢党的二十大和各地新一轮线路建设临近，本书是宁波轨道交通献给奋进在二十大新伟大征程上所有轨道交通同仁的礼物。希望本书所述经验能为各地城市轨道交通全自动运行线路建设提供思考与借鉴。

参与本书编写的人员还包括（按姓氏首字母排序，排名不分先后）：陈梁、陈善宇、陈燕霞、陈真、程浩、崔耀力、朵建华、高浩然、何海鹏、何宇峰、胡纬华、蒋琨、黎少东、李义国、林若媛、林维捷、刘军、柳扬、马寅枫、毛陈嵩、裘成烨、裘文超、孙海波、沃野、吴磊、吴鸣哲、徐乐恺、徐凌宇、徐天铭、阳六兵、张豪杰、张艳、邹蕾蕾，在此一并表示感谢！

宁波轨道交通

2022 年 5 月

目录

CONTENT

绪 论

近年来，随着轨道交通线网规模的不断扩大，乘客出行效率大幅提高，对轨道交通的依赖性日益增强，同时，影响安全及正常运营的设备故障、突发事件发生次数也逐渐增加，且因网络化运营行车密度高、线网互联互通等特点，列车延误、清客、运营中断等问题造成城市轨道交通秩序受扰，直接影响乘客出行体验，带来较大的舆论压力。因此伴随城市轨道交通行业快速发展，如何更好地提升城市轨道交通安全性、高效性、智能化成为各大地铁公司研究的重要课题。

目前，一码通行、智慧车站、智慧运维、全自动运行等技术的应用日新月异，城市轨道交通行业在新线建设和运行维护方面不断进行积极探索和尝试，已经成为智慧城市建设需要突破的重要领域。全自动运行系统作为新一代城市轨道交通系统在各地快速推广应用，截至2021 年底，国内共有北京、上海、成都、济南、武汉、南宁、宁波等 8 个城市开通城市轨道交通线路 11 条，运营里程 352.75 千米。

尽管城轨交通全自动建设取得了丰硕成果，但与高质量发展要求相比仍处于发展的初期阶段。因此，系统地梳理现阶段城市轨道交通在迈向高质量发展方向的现状，总结全自动运行在顶层设计、新技术新装备应用、运营组织、设施设备维护以及行业管理等领域取得的成绩和存在的问题，对下一阶段更好地推动城市轨道交通高质量发展具有重要的现实意义。

一、全自动运行基本概念

全自动运行系统（Fully Automatic Operation，FAO）是基于现代计算机、通信、控制和系统集成等技术实现列车运行全过程自动化的新一代城市轨道交通系统。国际公共交通协会（UITP）将列车运行的自动化等级（GoA）划分 5 级，见表 0-1 所示。

表 0-1　列车运行的自动化等级

列车运行基本功能要求		人工列车运行	非自动化列车运行	半自动化列车运行	无人驾驶列车运行	无人干预列车运行
		GoA0	GoA1	GoA2	GoA3	GoA4
保障列车运行安全	保障安全的进路	√（道岔控制由系统指令/控制来实现）	系统	系统	系统	系统
	保障安全的列车车距	√	系统	系统	系统	系统
	保障安全的车速	√	√（系统部分监管）	系统	系统	系统

续表

列车运行基本功能要求		人工列车运行	非自动化列车运行	半自动化列车运行	无人驾驶列车运行	无人干预列车运行
		GoA0	GoA1	GoA2	GoA3	GoA4
列车运行控制	控制列车加速和制动	√	√	系统	系统	系统
线路监测	防止撞击线路障碍	√	√	√	系统	系统
	防止撞击线路上的人	√	√	√	系统	系统
乘客乘降监测	控制客室车门	√	√	√	√或系统	系统
	防止乘客在乘降和车辆间行走时受到伤害	√	√	√	√或系统	系统
	保障发车的安全性	√	√	√	√或系统	系统
列车运行控制	投入/退出运营	√	√	√	√	系统
	列车运行状况监视	√	√	√	√	系统
安全监控和应急管理	列车诊断、火灾和烟雾监测、脱轨监测、应急处置(警报/疏散、监控)	√	√	√	√	系统和/或OCC员工

注："√"表示运营工作人员负责完成的功能（可由系统自动实现）；"系统"表示应由系统自动实现的功能。

全自动运行系统（FAO）包含自动化等级 GoA3 和 GoA4，即全自动运行系统运行模式包括有人值守的列车自动运行（DTO）和无人值守的自动运行（UTO）。

全自动运行系统将提升城市轨道交通运行系统的安全与效率。从早期的全自动驾驶到现在的全自动运行，全自动运行不是为了单纯减少驾驶员/乘务员人数，而是为了进一步增强城市轨道交通系统装备的功能和性能，提升其安全性与可靠性，降低运维成本，是城市轨道交通技术的发展方向。

全自动运行系统具有以下几个优点：

（一）高效运营

全自动运行系统具备列车自动休眠唤醒、自动出入库、自动运行等丰富的全自动功能及中心远程控制功能，减少了人员操作反应时间及列车整备时间等，在保证相同有效站停时间下可降低站停时间，缩短列车追踪间隔及折返间隔，提高线路旅行速度，大幅提高运营效率。

（二）智能化

实现无需司机介入的、全过程的全自动驾驶，提升了地铁运营的智能化水平；实现对全系统的智能监测、智能分析及智能维护，提升维护效率。

（三）安全运营

全自动运行系统通过减少人为风险因素提供更安全的操作，设计完善的全自动运行系统已经被证明比传统的地铁系统更可靠。由于列车的可靠性提高和站台的等待时间缩短，服务乘客的质量得到了提高，乘客能享受到更好的服务。

（四）降低运营成本

对于新线路，全自动运行系统成本在总体预算中相对较低。全自动运行系统地铁的初期建设成本会高一些，而随着运营期间智能化运营和智能化维护的上线应用，运维成本会明显下降，因此总体运营成本会逐渐降低。尤其随着劳动力成本的逐年攀升，采用全自动运行系统地铁的优势会日渐显现。

二、全自动运行运营场景

全自动运行系统运营场景直接决定了未来的运营情况，其重要性不言而喻。全自动运行线路运营过程中，常见的场景包括正常、故障、应急三种场景。三者的具体情况如下：① 正常场景。主要指全自动运行线路按照设计运行，并到站停车的场景。在正常运营场景下，车辆运行稳定、安全，但在对地铁进行设计时，需考虑出现的异常场景，如应急、故障等。因此，为了切实保证全自动运行线路稳定安全，除了设计正常场景外，设计相关故障以及应急场景同样非常重要。② 故障场景。全自动运行线路在长时间运行的过程中，会由于设备老化以及其他各类原因，导致故障发生。因此，应当对故障场景进行识别，全面提高全自动运行线路稳定性。③ 应急场景。全自动运行线路运营期间，有可能遭遇突发事件，必须设计应急场景，从而确保在突发事件出现后，能够第一时间做出反应，从而为维护人员留出时间，确保能够在较短的时间内发现风险，并予以处理。

全自动运行运营场景的设置目的主要为：① 正常场景。保证全自动运行线路能够按照正常的状态持续运行，避免出现时间延误等问题，为乘客的出行提供便利。② 故障场景。确保能够第一时间发生故障，并自动响应，确保维修人员可及时排除故障，尽最大可能，使故障对乘客所造成的损失减小，提高地铁运行的稳定性。③ 应急场景。保证发生突发事件时，可采取相应措施补救。上述各个场景共同设置，对地铁运行稳定性、连续性，以及可靠性的提升，都具有重要价值，这也是全自动运行运营场景设置的最终目的所在。

本书立足于全自动运行系统，结合国内全自动运行线路经验，以宁波轨道交通 5 号线一期全自动运行相关成果为基础，针对全自动运营场景设计、功能分配、系统间接口、功能验证等工作经验进行总结，为宁波及其他城市建设全自动运行线路提供思考与借鉴。

第一章　正常场景设计

城市轨道交通正常场景为系统在无故障、无意外的情况下正常运行的场景，包含了从列车唤醒到运营结束后回库休眠的全过程。正常场景的设计应遵循国内外的相关标准，并且基于充分的安全分析，符合全自动运行系统的特点。一般包括运营前准备、列车唤醒、列车出库、轨道车运行、列车进入正线服务、驾驶模式转换、折返换端、清客、退出正线服务、自动洗车、列车休眠以及场内自动转线功能等。除了登乘场内列车、清客等个别场景需要工作人员参与激活人员防护开关及清客确认外，通常情况下，正常场景下的运营活动不需要人工干预，可由系统自动完成，此外根据运营的实际情形的需求，系统支持由控制中心调度人员进行一定程度的干预。

第一节　运营前准备

一、场景

（1）信号系统根据预存的运行图自动加载当日运行图。

（2）信号系统向综合监控系统发送当日时刻表信息。

（3）信号系统根据出库计划，自动对列车执行唤醒、发车。

二、功能分配

（一）信号

（1）FAM 调在中央 ATS 工作站确认当日运行图后，ATS 将时刻表信息发送至综合监控系统。

（2）ATS 具备编制列车出入库计划功能，列车能够根据出库时间自动唤醒、自检、发车。

（3）出入库计划应包含列车车体号、实际股道位置、担当的运行车次、停车列检库发车时间等信息并具备导出和打印功能。

（4）当日运行图同时具备自动加载功能与手动加载功能。

（5）场调编制列车出库计划完毕后，FAM 调、派班员可以通过 ATS 工作站调取查看。

（6）场调 ATS 工作站具备编制本线路所有车场出入库计划的功能。

（二）综合监控

能接收信号系统的时刻表信息。

第二节　列车唤醒

一、场景

可在车场停车列检库线、双周三月检线、正线存车线对列车进行唤醒。列车唤醒方式分为 3 种：按时刻表自动唤醒；调度员远程唤醒；本地操作列车激活旋钮唤醒。列车自动唤醒或被远程唤醒前，信号系统通过 ISCS 确认各个供电区段是否供电正常。ATS 工作站可显示供电区段带电异常报警信息。

列车唤醒以及上电测试步骤如下：

（1）全列车低压上电。

（2）各系统自检。

① 车辆上电自检（包括设备自检及旁路开关自检）。

a. 设备自检。

列车低压上电后，各子系统上电自检并将自检结果反馈给 TCMS，TCMS 将汇总后的自检结果发送给车载 CC。信号对车辆设备自检完成的超时时间为信号 CC 机柜上电后 330 s。车辆执行自检的子系统如下：TCMS 网络通信系统、牵引系统、辅助系统、车门系统、乘客信息系统（PIS/CCTV）、制动系统、空调系统、火灾报警系统、照明系统、被动式障碍物检测系统、车载无线传输系统（WTS）、走行部检测（仅脱轨）、弓网检测系统。

上电自检失败不允许出车，设备自检失败的内部逻辑如下：

· 客室照明系统自检（同一节车单侧两个驱动电源同时故障不允许出车）。

· 被动障碍物检测系统自检（任何故障均不允许出车）。

· 走行部在线检测系统自检（脱轨检测功能故障不允许出车）。

· PIS/CCTV 自检（同一节车两个及以上紧急对讲功能失效或 PIS 主机故障不允许出车）。

· 烟火报警自检（主机/分机故障不允许出车）。

· 辅助系统自检（两台及以上辅助逆变器故障不允许出车）。

· 空调系统自检（整列车两个相邻空调机组或三个及以上空调机组故障不允许出车）。

· 制动系统自检（任何故障均不允许出车）。

· 车门自检（同一节车单侧两扇及以上车门被隔离，Tc 车 1、2 号门被隔离，未被隔离的车门存在故障均不允许出车）。

· 牵引系统自检（牵引逆变器两台及以上轻微/中等故障或任一台严重故障不允许出车）。

· TCMS 网络通信自检（任何故障均不允许出车）。

· WTS 自检（两台 WTS 故障不允许出车）。

b. 旁路开关自检。

旁路开关自检包括：无库用电源旁路、允许升弓旁路、停放缓解旁路、所有气制动缓解旁路、警惕旁路、车钩监视旁路、脱轨检测旁路、障碍物检测旁路、门关好旁路、门零速旁路、总风压力可用旁路、制动缓解/停放缓解远程旁路、拖动模式旋钮、强行开门旋钮、紧急牵引旋钮。

车辆上电后实时发送旁路开关状态至信号系统。在车辆设备自检完成后，信号系统检测到任一项旁路旋钮被操作则认为自检失败，不允许出车。信号系统对车辆旁路开关状态检测超时时间为 60 s。

② 车载信号设备自检。

车载信号设备自检包括测速计、雷达、信标天线及无线网络，任一项失败则认为自检失败，不允许出车。

③ 车载通信设备自检。

车载通信设备自检包括地面 PIS、车载无线台和 TAU。地面 PIS 超时判断时间为信号 CC 机柜上电后 90 s，车载无线台和 TAU 超时判断时间为信号 CC 机柜上电后 210 s。车载通信设备自检信息，TCMS 仅做转发，自检结果由信号系统判断。

上电自检失败不允许出车，通信设备自检失败的内部逻辑如下：

· 车载无线台自检（两台车载无线台故障不允许出车）。

· 地面 PIS 自检（任何故障均不允许出车）。

· TAU 自检（两台 TAU 故障不允许出车）。

若车辆/信号/通信设备上电自检失败，失败项不再进行二次测试，但仍会继续执行后续的静态测试。

（3）静态测试准备项检查。

车辆、信号和通信上电自检完成后，车载 CC 输出驾驶室激活、FAM 模式、ATO 控车，开始静态测试准备项检查，具体如下：

· 列车休眠状态有效。

· 列车处于休眠唤醒区域内。

· 车载 CC 头尾通信正常。

· 区域全自动运行授权有效。

· 方向手柄在 0 位。

· 牵引制动手柄在 0 位。

· 司机钥匙未激活。

· 车门使能、车门状态未旁路以及 ATP 未切除。

· FAM 模式选择开关在 FAM 位。

· 车辆升弓并检测高压正常（由信号系统发送升弓指令）。

· 总风压力达到 750 kPa。

· 车辆空压机、充电机正常。

静态测试准备项第一次测试失败后，当系统完成整个静态测试后，对测试失败项点再次进行测试，2 次均失败后，则判断静态测试准备失败，若第二次测试成功，则判断测试成功。信号对静态测试准备项的超时判定时间为 600 s。

（4）静态测试。

列车完成静态测试准备项检查后，信号系统输出静态测试指令。

静态测试检测项及测试时间如图 1.1 所示。

若第一次静态测试项失败，当系统完成所有测试项后，对测试失败项进行二次测试，若第二次测试失败，则判断静态测试失败，反之则判断测试成功。

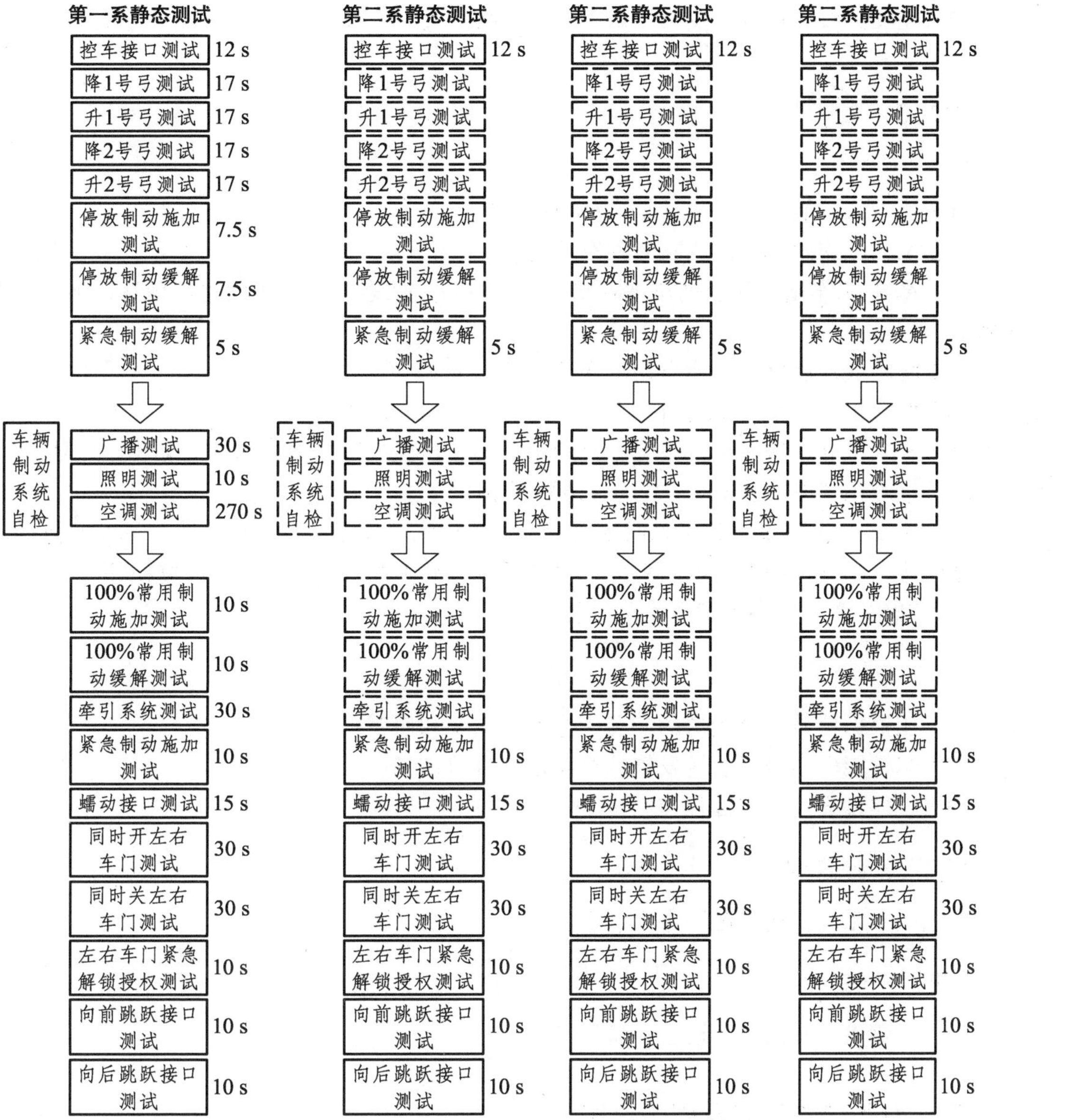

图 1.1 静态测试流程

注：1. 静态测试流程项点旁时间为此项点测试超时时间，若项点测试超时，则列车唤醒失败。

2. 静态测试流程图中黑色框内的项点仅做第一系，其余系数不再进行测试。

（5）每端车载 CC 有两系，先对其中一系进行静态测试，完成后切换到另一系；一端静态测试完成后，执行另一端静态测试。

（6）两端静态测试成功后，ATS 激活相应的驾驶端，进入“待命”工况。

二、异常情况

（1）列车任何一项静态测试失败不会中断静态测试流程；列车唤醒失败，ATS 工作站显示列车报警信息。

（2）唤醒失败处理流程按第二章第八节《唤醒失败》执行。

三、功能分配

（一）信号

（1）信号系统能根据出库计划自动唤醒列车。

（2）ATS 工作站具备远程唤醒列车功能。

（3）ATS 工作站能显示列车休眠状态、上电自检状态、静态测试过程信息、唤醒结果及失败原因。

（4）唤醒成功后的列车能自动进入待命工况。

（5）能向指定列车发送运行计划。

（6）经人工确认后，信号系统可自动用备用车替换唤醒失败列车并更新相应计划。

（7）信号系统能接收 ISCS 发送的接触网带电信息。

（8）ATS 工作站未收到接触网带电信息，不向列车发送自动唤醒指令，列车可远程唤醒或本地唤醒；收到接触网带电信息后，可向后续需要唤醒的列车发送自动唤醒指令。

（9）SPKS 激活不中断列车唤醒流程。

（二）车辆

（1）能根据信号系统发送的工况指令控制空调和照明；

（2）车辆能向信号系统转发车载通信设备自检结果；

（3）唤醒过程不响应远程控制指令。

（三）综合监控

能向信号系统发送接触网带电信息。

（四）通信

能向车辆发送车载通信设备自检结果。

四、唤醒总体目标及策略说明

（一）唤醒总体目标

在尽可能覆盖列车各专业各系统的情况下完成测试，缩短唤醒时间。

（二）唤醒策略

（1）信号车载子系统只与主用中央控制单元做 ATO-TCMS 相关接口测试。

（2）上电测试和静态测试过程中车辆、信号和通信系统所有自检结果均作为信号判断是否唤醒成功的依据。

（3）为考虑车辆唤醒时间优化，涉及信号通过网络测试部分 4 系仅做 1 系，通过硬线测试部分仍需完成 4 系；车辆制动系统与照明、空调系统测试同步进行。总体整个唤醒时间为 13 min，相比优化前可节约 7 min。

第三节　列车出库

一、场景

列车唤醒成功自动进入 FAM 模式，并根据出入库计划及移动授权，运行至转换轨自动匹配时刻表进行车次信息初始化后，执行正线服务工况，并进入正线运行。

二、功能分配

（一）信号

（1）系统能识别出库列车为载客列车，并能在进入转换轨后自动触发“正线服务”工况。
（2）列车匹配出库计划，根据计划自动触发进路。
（3）列车出库运行至转换轨后自动匹配时刻表，生成车次号。
（4）信号系统具备轮径校对功能。
（5）每列计划列车触发发车进路时，能向通信系统发送车场自动广播触发信息。
（6）具备对单列车或区域设置/取消全自动运行授权功能。
（7）当场调编制出入库计划时，若 A 股与 B 股时间有冲突，系统能提示场调出入库计划冲突。

（二）车辆

能根据信号发出的工况指令执行相应工况。

（三）综合监控

车场 ISCS 工作站具备人工广播功能。

（四）通信

（1）能根据信号系统发送的广播触发信息，在运用库全区域自动连续播放广播 3 次。
（2）车场自动广播范围应覆盖车场运用库。
（3）车场广播具备人工广播功能。

第四节　轨道车运行

一、场景

（1）信号系统根据出库计划自动唤醒轨道车。
（2）轨道车唤醒成功后，列管员接管列车并将驾驶模式转为 ATPM 模式待令。
（3）列管员按时刻表以 ATPM 模式进行轨道。
（4）轨道车作业完成后，列管员将列车停在规定位置，将列车升级为 FAM 模式；列车升级为 FAM 模式后按时刻表投入运营。

二、功能分配

（一）信号

（1）系统能识别出库列车为轧道车。
（2）列车匹配出入库计划成功后，能根据计划时间自动触发出库进路。
（3）列车出库后，在转换轨可自动匹配时刻表，生成车次号。
（4）轧道列车完成轧道后根据时刻表触发相应工况。
（5）能向通信系统发送车场自动广播触发信息。
（6）库内列车具备自动出库进入折返线转备用车的功能。

（二）车辆

能根据信号指令执行相应工况。

（三）通信

（1）能根据信号系统发送的广播触发信息，在运用库全区域自动播放广播。
（2）地面 CCTV 覆盖正线关键区域：正线所有道岔、区间人防门、防淹门、联络线、存车线、联络通道、区间集水坑、端门外延伸走廊处。

（四）土建与车场工艺

折返线、存车线设有登车平台。

第五节　列车进入正线服务

一、场景

（1）信号系统检查到列车从库内运行至转换轨后，根据计划运行图自动为该列车分配车次号，非计划列车由 FAM 调人工分配车次号，并自动向车辆发送“正线服务”工况指令。
（2）根据时刻表，如列车晚点，立即自动排列进入正线的进路；如列车早点，列车在转换轨停车等待发车点。
（3）信号系统根据时刻表，自动排列列车进路，FAM 调或行值也可根据需要手动排列列车进路。

二、功能分配

（一）信号

（1）计划载客的列车出库运行至进入转换轨，信号系统应向车辆发送列车“正线服务”工况指令。

（2）ATS 运行图中可以编辑列车运行计划，使指定列车根据运行计划跳停指定车站。如列车离开车场后，进入正线就近站台，需要在就近站台不载客折返，则信号系统能控制列车在该站台停站后不自动打开车门。

（3）列车进入转换轨后，ATS 根据时刻表，如列车晚点，立即自动排列进入正线的进路；如列车早点，列车在转换轨停车待命，在发车时刻前 60 s 自动排列进路。

（4）车场、转换轨、正线站台均具备提前发车功能。

（5）非计划列车能根据头码确定为停站列车或跳停列车，并能在运行图上显示实际运行线；

（6）若正线提前发车早于 999 s，发车指示器显示“=”；若晚点超过 999 s，DTI 显示“==”。

（二）车辆

能根据信号工况指令执行相应工况。

（三）通信

列车无线车载台能在转换轨处自动切换至正线频道。

第六节　列车进站

一、场景

列车在车站规定位置停车，当列车停稳后，自动打开对应侧车门和站台门并进行停站倒计时，当到达计划发车时间或收到提前发车指令后，列车自动关闭车门和站台门，自动控制列车驶离站台。

（一）车载 CC 判断进站条件

（1）移动授权允许进站。

（2）站台门关闭且锁紧。

（3）紧急停车按钮未按下。

（4）SPKS 置于非防护位。

（5）未办理跳停作业。

（二）自动进站广播、PIS

当列车车头距离站台头端 200 m 时，车载 PA 系统自动触发列车进站广播，车载 PIS 自动触发到站信息；地面 PA 系统自动触发站台进站广播，地面 PIS 自动触发到站信息。

二、功能分配

（一）信号

（1）具备列车欠标和过标自动对位功能。

（2）中央与车站 ATS 工作站能显示列车停车不准报警信息。

（3）中央与车站 ATS 工作站能显示车门、站台门状态。

（4）列车区间临时停车时能立即向车辆发送临时停车信号。

（5）列车在站台停车发车倒计时结束后无法发车，能立即向车辆发送站台停车超时信号。

（二）车辆

（1）列车能按信号系统给出的信息自动触发预录广播与车载 PIS 显示信息。

（2）车辆系统收到信号系统发送的站台停车超时信号后，按一定间隔自动循环播放提醒广播。

（3）具备执行远程人工广播功能，显示远程下发的 PIS 信息。

（4）收到信号系统开门使能以及开门指令后开启该侧车门。

（三）综合监控

综合监控具备对列车远程人工广播、下发 PIS 信息功能。

（四）通信

（1）能按信号给出的信息自动触发站台预录广播与地面 PIS 显示信息。

（2）CCTV 覆盖站台范围。

（3）具备对列车远程人工广播功能。

（五）站台门

（1）能按信号的开门指令打开站台门。

（2）站台门和车门间设置间隙检测装置。

第七节　车站发车

一、场景

（1）车载 CC 检查发车条件满足后，关闭车门与站台门后自动发车；车载 CC 检查发车条件。

① 移动授权满足出站条件。

② 停站倒计时结束。

③ 紧急停车按钮未按下。

④ 车门、站台门关闭且锁闭。

⑤ SPKS 未激活。

⑥ 无扣车命令。

⑦ 无影响发车的故障报警。

⑧ 列车未处于 CAM 模式。

（2）当列车准备动车时，自动播放离站广播，更新车载 PIS。

（3）当列车收到提前发车指令后，列车自动关闭车门和站台门，自动控制列车驶离站台。

二、功能分配

（一）信号

（1）信号系统在站台设置“站台再开门/关门”按钮，对站台上列车车门和站台门再次开关门。

（2）ATS 工作站能显示车门、站台门状态。

（3）具备对列车设置扣车、取消扣车功能。

（4）在列车关门停站期间，如 ATS 进行扣车操作，列车车门和站台门重新打开，并自动触发站台广播。扣车命令取消后，列车自动关闭车门和站台门并发车。

（5）具备人工设置区间允许运行的列车数量功能，可以实现后方站台自动扣车，不允许列车进入区间。

（6）列车在站台停车发车倒计时结束后无法发车，能立即向车辆发送站台停车超时信号。

（二）车辆

（1）车辆系统收到信号系统发送的站台停车超时信号后，按一定间隔自动循环播放提醒广播。

（2）能按照信号的开关门指令打开/关闭车门。

（3）具备执行远程人工广播功能，显示远程下发的 PIS 信息。

（三）综合监控

具备对列车远程人工广播、下发 PIS 信息功能。

（四）通信

（1）能按信号给出的信息自动触发显示对应地面 PIS 信息。

（2）CCTV 覆盖站台范围。

（3）具备对列车远程人工广播功能。

（五）站台门

（1）站台门和车门间设置间隙检测装置。

（2）能按照信号的开关门指令打开/关闭站台门。

（3）能配合信号和车辆，使车门和站台门保持同步关闭。

第八节　列车在区间运行

一、场景

（1)在 FAM 模式下车载 CC 对列车进行自动速度调节以满足限速和区间运行效率的要求，并响应 FAM 调的各种运营调度命令（如跳停、扣车等）。

（2）在 CAM 模式下，列车以限制速度 45 km/h 运行，由 ATP 对列车速度进行超速防护。

（3）列车头部越过出站信号机后，在区间正常运行，原则上经一次牵引、巡航、惰行和制动，运行到达下一站进站停车。

（4）FAM 调可通过 ATS 工作站查看包括驾驶模式、早晚点信息等列车状态。

二、功能分配

（一）信号

（1）中央 ATS 能显示列车驾驶模式、运行状态、早晚点等运营信息。

（2）ATS 工作站能显示车门、站台门状态。

（3）列车区间临时停车时能立即向车辆发送临时停车信号。

（二）车辆

（1）列车能按信号系统给出的信息自动触发预录广播与车载 PIS 显示信息。

（2）车载 CCTV 实时视频能被调取。

（3）具备执行远程人工广播功能，显示远程下发的 PIS 信息。

（三）综合监控

综合监控具备对列车远程人工广播、下发 PIS 信息功能。

（四）通信

（1）地面 CCTV 覆盖正线关键区域：正线所有道岔、区间人防门、防淹门、联络线、存车线、联络通道、区间集水坑、端门外延伸走廊处。

（2）中央具备 CCTV 调取功能。

（3）具备对列车远程人工广播功能。

第九节　驾驶模式转换

一、场景

（1）全自动运行模式（FAM）：该模式为全自动运行线路的主要运行模式，实现列车的全自动运行功能，仅当列车处于全自动运行区域内才能使用。

（2）蠕动模式（CAM）：为全自动运行模式下，车辆 TCMS 与车载 CC 网络故障时，或车辆 TCMS 与制动系统网络中断时，列车正线限速 45 km/h、车场内限速 25 km/h 运行的一种模式。

（3）全自动限速运行模式（FRM）：为全自动运行模式下，列车定位丢失，无法以 FAM/CAM 模式继续运行，列车以限速 25 km/h 运行一定距离，使列车再次进入 FAM/CAM 模式运行或使列车能够运行至就近站台区域的一种模式。

全自动限速运行模式（FRM）建立条件：

① 控车端 CC 正常、ATO 可用。

② 控车端速度传感器无故障。

③ 控车端 CC 与 ZC、ATS 通信正常。

④ 司机室钥匙未激活、FAM 模式开关处于 FAM 位、ATP 切除旋钮在正常位。

⑤ 车辆无影响动车故障。

⑥ 控车端 CC 与车辆 TCMS 接口正常。

⑦ 前方道岔表示正常。

⑧ ZC、ATS、CI 工作正常且通信正常。

（4）FAM 驾驶模式转为 CAM 驾驶模式需要在列车停车状态下进行，除 FAM 模式外，车载 CC 禁止列车由其他模式转换到 CAM 模式，FAM/CAM 模式向其他模式转换时仅支持人工转换，如图 1.2 所示。

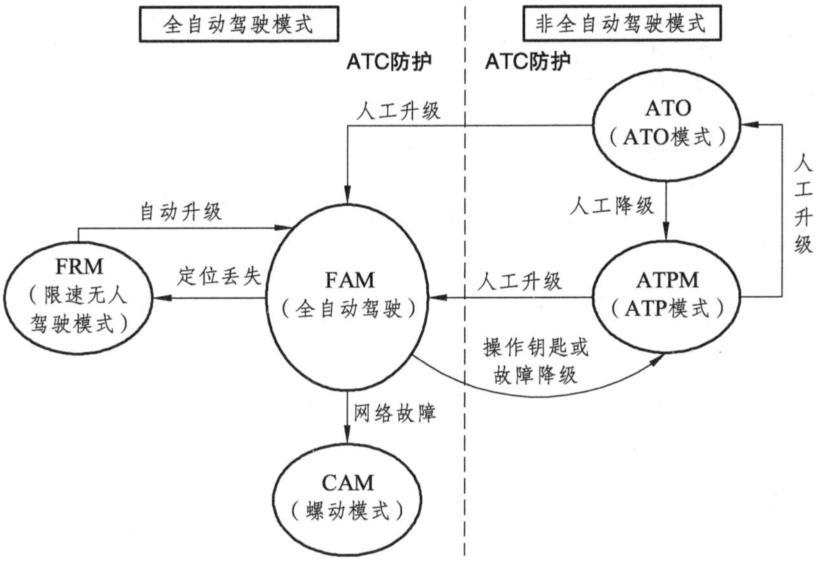

图 1.2　驾驶模式转换

二、功能分配

（一）信号

（1）具备 FAM 模式功能。

（2）当车辆 TCMS 与车载 CC 间网络故障或车辆系统向信号系统申请 CAM 时，具备 CAM 模式功能。

（3）CAM 模式列车到站后，能保持车门与站台门打开不关闭。

（4）CAM 模式具备精确停车、自动对位功能。

（5）CAM 模式限速 45 km/h。

（6）CAM 模式下，不具备自动洗车功能。

（二）车辆

（1）车辆具备 CAM 模式功能。

（2）当车辆 TCMS 与车载 CC 间网络故障或车辆 TCMS 与制动系统网络中断时，具备执行 CAM 模式功能。

（3）当车辆 TCMS 与制动系统网络中断时，车辆 TCMS 能向信号主动申请进入 CAM 模式。

（4）CAM 模式下，车辆能根据信号开门指令打开车门。

第十节　扣车

一、场景

（一）对列车实施扣车

（1）中央或车站 ATS 设置列车扣车，列车运行至扣车站台，打开车门不关闭。

（2）车载 PA、地面 PA 自动播放扣车广播。

（二）对站台实施扣车

（1）中央或车站 ATS 工作站设置站台扣车，信号系统关闭出站信号机。

（2）当列车进入扣车站台时，站台停车后打开车门、站台门不关闭。

（3）车载 PA、地面 PA 自动播放扣车广播。

（三）取消扣车

设置取消扣车后，因扣车关闭的信号机重新自动开放，列车按计划运行。

二、功能分配

（一）信号

（1）中央与车站 ATS 具备对列车扣车功能。

（2）中央与车站 ATS 具备设置站台扣车功能。

（3）具备单列车扣车与多列车扣车功能。

（4）能控制列车运行至扣车站台打开车门、站台门不关闭。

（5）扣车后信号能向车载 PA 和地面 PA 发送广播触发信息。

（6）中央与车站 ATS 工作站具备取消扣车功能，且中央与车站 ATS 工作站能相互取消扣车。

（7）当列车跳停命令与扣车命令同时存在时，优先执行扣车命令。

（二）车辆

（1）能根据信号的触发信息播放扣车广播。

（2）能根据信号指令打开车门。

（三）站台门

能根据信号指令打开站台门。

第十一节　跳停

一、场景

（一）站台跳停

（1）FAM 调通过中央 ATS 工作站设置站台跳停。

（2）在列车经过跳停站时，地面 PIS 显示列车跳停信息；信号系统向车辆发送跳停信息，以触发列车跳停广播与车载 PIS 系统显示信息。

（二）列车跳停

（1）FAM 调在中央 ATS 工作站设置列车跳停；

（2）在列车经过跳停站时，地面 PIS 显示列车跳停信息；信号系统向车辆发送跳停信息，以触发列车跳停广播与车载 PIS 系统显示信息。

二、功能分配

（一）信号

（1）具备单个站台设置多列车跳停功能。

（2）具备对单列车设置多站台跳停功能。

（3）具备对指定列车设置跳停功能。

（4）当列车跳停命令与扣车命令同时存在时，优先执行扣车命令。

（5）能向车辆发送跳停触发信息用以显示车载 PIS 与播放广播。

（二）车辆

车辆能根据信号触发信息播放跳停广播与显示车载 PIS 信息。

（三）通信

通信能根据信号的触发信息显示对应地面 PIS 信息，并触发对应地面广播。

第十二节　折返换端

一、场景

折返过程中，车载 CC 设备与轨旁信号设备共同完成折返进路的自动设置、车次号的变更、列车的换端以及移动授权的授予等。列车在换端折返过程中保持“正线服务”工况不变。

（一）站后折返

（1）列车在终端站台对标停稳后，自动打开车门和站台门不关闭，触发列车清客广播，提醒乘客下车（含列车退出服务的车站）。

（2）信号系统根据时刻表自动触发折返进路。

（3）完成清客确认后，车站人员通过按压站台清客确认按钮，关闭车门和站台门；或 FAM 调通过操作远程清客确认，自动关闭车门和站台门。

（4）满足发车条件后，列车自动运行至折返线停车窗停车后完成自动换端，自动换端过程中保持车门关闭。

（5）列车在折返线停稳后，信号系统更新车次号并根据时刻表适时办理折返进路。

（6）列车完成换端后，满足进站条件，运行至出发站台，列车对标停稳后自动打开车门和站台门，并开始停站倒计时。

（7）待停站时间结束，发车条件满足后，列车自动关闭车门和站台门发车。

（二）站前折返

（1）列车在站台对标停稳后，自动打开车门和站台门（若在站台退出服务，则触发列车清客广播，提醒乘客下车）。

（2）信号系统更新车次号并根据时刻表适时办理发车进路。

（3）列车自动完成换端。

（4）换端过程中和换端后，车门和站台门保持打开状态。

（5）待停站时间结束，发车条件满足后，列车自动关闭车门和站台门发车。

二、功能分配

（一）信号

（1）列车在折返过程中保持“正线服务”工况不变。

（2）ATS 工作站能显示车门与站台门状态。

（3）站台上折返列车根据运行图自动变更班次及目的地，按运行时刻表办理进路。

（4）能在折返点自动转换列车控制端，且不丢驾驶模式，保证列车不移动。

（5）能在换端后自动匹配新的运营计划。

（6）能根据折返优先模式自动选择折返路径。

（7）能根据时刻表自动触发折返进路及自动发车。

（8）能自动触发列车清客广播。

（9）信号系统在站台公共区域设置“站台再开门/关门”按钮，控制站台区域停准列车车门和站台门开关。

（10）信号系统在站台设置“清客确认”按钮，完成站台清客确认后，按压“清客确认”按钮，中央与车站 ATS 工作站显示清客信息。

（11）列车尾端 CC 故障时，信号系统不允许列车进行站后自动折返作业。

（二）车辆

（1）列车在 FAM 模式下，在站前折返换端时保证列车不移动，保持开门状态。

（2）能根据司机室激活状态控制头尾灯。

（3）能按信号给出的信息自动触发列车清客广播。
（4）列车在折返过程中保持“正线服务”工况不变。
（5）当无开门与关门指令时，应保持当前状态。

（三）站台门

无开门和关门指令时，应保持当前状态。

第十三节　清客

一、场景

（一）计划清客

（1）根据运营计划，当列车运行至折返站或终点站对标停稳后，自动打开车门及站台门。
（2）信号系统自动触发列车清客广播和地面 PIS、车载 PIS 显示本站清客信息。
（3）清客期间车载 CC 保持车门打开不关闭。
（4）车站人员进行人工清客确认后，按压站台清客确认按钮，列车车门和站台门关闭。
（5）停站倒计时结束后，列车自动发车。

（二）临时清客

（1）FAM 调人工对需要临时清客的站台设置临时清客。当列车到达设置站台对标停稳后，自动打开车门及站台门。
（2）信号系统自动触发列车清客广播和地面 PIS、车载 PIS 显示本站清客信息。
（3）清客期间车载 CC 保持车门打开不关闭。
（4）经车站人员确认清客完成后汇报 FAM 调。
（5）FAM 调通过 ATS 工作站对列车操作远程清客确认，列车车门和站台门关闭。
（6）停站倒计时结束后，列车自动发车。
（7）此命令一次有效，当第一列车经过该站台后，后续列车不再执行清客功能。

（三）远程取消清客

（1）对于计划清客，设置取消清客成功后，当计划列车到达计划清客的站台时，信号系统向车辆发送取消清客命令，且此命令仅一次有效，当第一列车经过该站台后，后续列车恢复在该站台的自动清客功能。
（2）对于临时清客，设置取消清客成功后，此站台设置的临时清客将被取消。

二、功能分配

（一）信号

（1）信号系统在站台公共区域设置“站台再开门/关门”按钮，控制站台区域停准列车车门和站台门开关。

（2）信号系统在站台设置“清客确认”按钮，完成站台清客确认后，按压“清客确认”按钮，中央与车站 ATS 工作站显示清客信息。

（3）ATS 能根据计划自动触发清客。

（4）能向地面 PIS 发送清客信息，提示本站清客。

（5）能向车辆 TCMS 发送列车清客信息，以触发车载 PIS 与车载 PA，并保持车门不关闭。

（6）具备站台清客确认与远程清客确认功能。

（7）具备站台临时清客功能。

（8）具备取消计划清客（终到站、折返站）和取消临时清客的功能。

（9）站台清客确认按钮按下不影响 ATS 执行扣车命令。

（二）车辆

（1）车载 PIS 与车载 PA 在收到清客指令后自动播放清客广播、显示清客信息。

（2）车载 CCTV 实时视频能被调取。

（3）能根据信号的开关门指令打开与关闭车门。

（4）当无开门与关门指令时，车门能保持当前状态。

（三）通信

能根据信号的触发信息显示对应地面 PIS 信息。

（四）站台门

（1）能根据信号的指令打开与关闭站台门。

（2）当无开门与关门指令时，应保持当前状态。

第十四节　列车退出正线服务

一、场景

列车以 FAM 模式完成当天的运营计划，到达终点站完成清客后，列车根据移动授权，自动运行至转换轨或者进入正线存车线，自动办理车次号“消号”手续，车辆根据信号指令执行“退出正线服务”工况指令。

（一）列车根据计划返回车场

（1）信号系统根据计划运行图，自动触发回场进路。

（2）ATS 判断列车进入转换轨后，自动删除车次号，根据入库计划载入场内运行目的地码，自动向列车发送“退出正线服务”工况指令。

（3）列车执行“退出正线服务”工况，并执行回库。

（二）列车根据计划进入正线存车线

（1）信号系统根据计划运行图，自动触发至存车线的列车进路。

（2）ATS 检查列车进入存车线后，自动清除列车目的地码，向车辆发送“退出正线服务”工况。

（3）车辆根据信号指令执行“退出正线服务”工况。

（4）如列车无其他运营计划则进入“待命”工况。

二、功能分配

（一）信号

（1）列车能在转换轨匹配入库计划。

（2）计划载客的列车入库运行至转换轨，信号系统能向车辆发送列车“退出正线服务”工况。

（3）进入正线存车线的列车，在列车进入存车线向车辆发送“退出正线服务”工况指令，停稳后向车辆发送“待命”工况指令。

（4）根据运行计划，计划非载客列车在站台停站后不自动打开车门。

（二）车辆

能根据信号的指令执行对应工况。

（三）通信

在转换轨处，列车无线车载台自动切换至车辆段频道。

第十五节　列车回库

一、场景

（1）信号系统根据时刻表计划，检查到结束当前服务号任务的列车完全进入转换轨后，按照入库计划自动为进入转换轨的列车设置目的地码，自动排列至库线的列车进路。

（2）列车自动运行到库内停车。

（3）FAM 模式下，列车在库内自动运行时按照限速 25 km/h 运行，信号系统按此速度进行超速防护。

（4）列车完全进入库线停稳后，自动清除目的地码，列车根据入库计划自动执行“清扫/检修”工况或休眠。

二、功能分配

（一）信号

（1）根据计划时刻表检查到结束当前服务号任务的列车完全进入转换轨后，按照入库计划自动或人工为进入转换轨的列车设置目的地码，自动或人工排列至库线的列车进路。

（2）能够根据入库计划控制列车停至指定股道的停车点，且满足停车精度要求，以确保列车能正常休眠。

（3）列车从转换轨进入车场后，能向车辆发送对应工况指令。

（4）列车完全进入库线停稳后，自动清除目的地码。

（5）在回库列车压入入段信号机内方第一个区段时，能向通信系统发送自动广播触发信息。

（6）当场调编制出入库计划时，若 A 股与 B 股时间有冲突，系统能提示场调出入库计划冲突。

（二）车辆

车辆能根据信号工况指令执行对应工况。

（三）通信

（1）车场关键区域（车场道岔咽喉区、试车线、洗车线、进入全自动区门禁处、DCC（覆盖 SPKS 开关）、场外转换轨位置、地下通道、防护区域入口、停车列检库、触网接挂地线点等）覆盖 CCTV。

（2）能根据信号系统发送的广播触发信息，在运用库全区域自动连续播放广播 3 次。

第十六节　自动洗车

一、场景

（一）自动洗车分为计划洗车与临时洗车

（1）计划洗车：列车根据入库计划，在回库过程中自动进行洗车作业。

（2）临时洗车：列车根据场调临时设置的目的地码自动进行洗车作业。

（二）自动洗车流程

（1）列车根据人工或系统所设置的目的地码自动运行至洗车库前停车。

（2）信号系统接收到洗车机“洗车机就绪”、无“洗车机故障”信息后，发送“洗车请求”至洗车机。

（3）洗车机接收到“洗车请求”后，发送“同意洗车”“允许列车移动”信息至信号系统。

（4）信号系统向列车发送“洗车”工况和“洗车”指令，并开放进入洗车库的进路。

（5）列车自动开始洗车作业，根据 ATS 洗车命令确定是否执行端洗。

（6）列车洗车完毕且驶离洗车库后，信号系统取消“洗车请求”，洗车机取消“允许列车移动”“同意洗车”，列车退出“洗车”工况。

（三）洗车完毕返回库线

（1）通过式洗车线：驶离洗车库后，列车根据目的地码自动触发回库进路，以 FAM 模式运行回库。

（2）尽端式洗车线：驶离洗车库后，列车停于洗车折返轨，场调设置牵出线目的地码，到达牵出线后，列车根据场调设置回库目的地码自动触发回库进路。信号系统向洗车机发送

"通过请求"，洗车机向信号系统发送"洗车机可通过"，信号系统办理通过洗车机的进路，并在检查"洗车机就绪"、无"洗车机可通过""洗车机故障"信息后开放信号，列车以 FAM 模式限速 25 km/h 通过洗车库。

（四）自动洗车形式分为有端洗洗车与无端洗洗车

1. 有端洗洗车

（1）进入洗车库的进路开放后，列车自动运行至前端洗车停车点停稳。

（2）信号系统向洗车机发送"前端洗车停稳"信息后，洗车机开始前端洗，同时取消向信号系统发送"允许列车移动"信息，信号系统禁止列车移动；前端洗完成，信号系统在收到洗车机发送的"允许列车移动"信息后，列车以 3 km/h 恒速运行，洗车机对列车进行侧洗；列车运行到后端洗车点停稳，信号系统向洗车机发送"后端洗车停稳"信息，洗车机进行后端洗，同时取消向信号系统发送"允许列车移动"信息，信号系统禁止列车移动；后端洗完成，信号系统在收到洗车机发送的"允许列车移动"信息后，列车以 3 km/h 恒速驶离洗车库。

2. 无端洗洗车

（1）进入洗车库的进路开放后，列车以 3 km/h 速度自动恒速运行。

（2）列车进入洗车库后，洗车机对列车进行侧洗直至列车驶离洗车库。

二、异常情况

按第二章第九节"自动洗车异常"执行。

三、功能分配

（一）信号

（1）能根据出入库计划或者目的地码自动排列至洗车线的进路，并控制列车进行自动洗车作业。

（2）可根据出入库计划或人工设置选择列车洗车方式。

（3）收到"洗车机故障"信息后，触发列车紧急制动，ATS 工作站显示报警信息。

（4）未收到"允许列车移动""洗车机可通过"信息时，禁止列车移动。

（5）洗车时具备精确停车功能。

（6）通过洗车库时，信号系统控制列车按照场内限制速度（25 km/h）运行；收到允许移动信息后，信号系统向车辆下发"洗车"指令。

（二）车辆

（1）收到"洗车"工况后，关闭列车照明、空调。

（2）收到"洗车"指令后，雨刷打到洗车位，控制列车以 3 km/h 恒速运行。

（三）通信

CCTV 应覆盖洗车区域。

（四）洗车机

（1）具备与信号系统信息交互的功能。

（2）洗车机急停按钮被按下时，洗车机向信号系统发送“洗车机故障”信息。

（3）洗车机具备自诊断功能，出现无法洗车的故障时，立即向信号系统发送“洗车机故障”信息。

（4）洗车机检测到信号系统发送的“洗车请求”信息中断后，自动停止运行。

（5）DCC 设置洗车机远程控制台，并具备远程开启/关闭洗车机及洗车机上电状态显示功能。

（6）端洗时，具备检查列车位置的功能。

（五）土建与车场工艺

洗车线设于自动化区，洗车机控制室与洗车线之间设置门禁。

第十七节　列车清扫/检修

一、场景

（一）计划清扫/检修作业流程

（1）根据出入库计划，系统安排列车进行清扫/检修作业。

（2）ATS 自动向车载 CC 下发清扫/检修命令，车载 CC 收到后自动向车辆 TCMS 发送清扫/检修工况，车辆 TCMS 收到后打开车内照明和空调。

（3）清扫/检修人员在 DCC 进行登记。

（4）场调激活作业范围对应防护区域的 SPKS。

（5）SPKS 激活后，封锁对应的区域，信号系统禁止区域外的列车进入及区域内的列车移动，点亮防护区域入口处 SPKS 指示灯。

（6）清扫/检修工作人员通过检修通道进入自动化区，刷门禁打开入口通道门。

（7）清扫/检修人员观察列车登乘指示灯点亮后，可从 Tc 车 1 或 2 号门通过操作电解锁开关或外部紧急解锁进入车厢。

（8）清扫/检修人员将“FAM 模式”旋钮打至非 FAM 位，列车退出 FAM 模式。

（9）完成清扫/检修作业后，将 FAM 模式选择开关打至 FAM 位，人工将驾驶模式升至 FAM 模式。

（10）清扫/检修人员将列车激活旋钮打至分位，列车休眠。

（11）清扫/检修人员从 Tc 车 1 或 2 号门通过操作电解锁开关打开客室门，下车后，从车外电解锁开关关闭车门。

（12）清扫/检修人员从原路返回 DCC，并办理销记手续。

（13）待所有人员均撤出该防护区域后场调复位作业区域对应的 SPKS。

（二）临时清扫/检修作业流程

库内车需场调远程唤醒，完成上电自检及静态测试后进行作业，系统执行流程与计划清扫/检修作业相同。

二、异常情况

（1）如未进入 FAM 模式，则列车无法执行远程休眠。
（2）本地休眠需在 FAM 模式下完成，否则列车无法执行自动/远程唤醒。

三、功能分配

（一）信号

（1）列车回库停稳后，根据出入库计划，ATS 对需要进行清扫/检修的列车下发清扫/检修命令，对不需要清扫/检修的列车，发送休眠指令。
（2）列车处于清扫/检修工况时，可对列车远程休眠。
（3）SPKS 激活时，车场 ATS 工作站显示 SPKS 防护区域。
（4）FAM 模式选择开关打至非 FAM 位时，车载 CC 不接受远程控制指令。
（5）FAM 模式下，具备本地人工休眠功能。

（二）车辆

（1）“清扫/检修”工况时，列车打开车内照明和空调。
（2）设置 FAM 模式选择开关，并将 FAM 模式选择开关的状态发送给车载 CC。
（3）列车休眠后，车门电解锁开关延时 90 s 断电。

（三）通信

（1）专用调度电话、LTE 手持台提供通信功能。
（2）车场自动化区域覆盖 CCTV。

（四）土建与车场工艺

（1）车场自动化区和非自动化区应采用物理隔离（设置门禁）或者管理隔离（设置检查岗亭）的方式。
（2）自动化区停车列检库每两个股道设置一个防护区域，车辆段/停车场咽喉区设置一个防护区域，洗车线设置一个防护区域，自动化区/非自动化区转换轨设置一个防护区域。
（3）每个防护区域配置安全通道并在入口处设置门禁，停车列检库每列位设置登乘平台。
（4）SPKS 防护范围的图示、钥匙、相关标识牌应对应防护开关编号。

第十八节　列车休眠

一、场景

（一）自动休眠

列车运行至休眠停车窗内停稳后，根据时刻表自动休眠。

（1）FAM 模式下，信号系统未收到车辆“不允许休眠”信息（不允许休眠信息指：车辆双弓落下、检测到旁路开关被操作、总风压力小于 700 kPa），则向车辆发送休眠请求。

（2）车辆检查满足休眠条件（休眠条件指：未检测到旁路开关被操作、总风压力大于 900 kPa、空调关闭、照明关闭、高速断路器断开和受电弓落下）后，车辆向信号系统反馈休眠允许。

（3）信号系统接到休眠允许后，退出 FAM 模式及司机室虚拟激活。

（4）信号系统向车辆发送休眠指令，下电后仅保持唤醒休眠模块和车地通信设备在通电状态。

（5）ATS 工作站反馈休眠结果并显示休眠状态。如休眠不成功，ATS 工作站显示报警信息。

注：若信号系统休眠请求下发后 600 s 内车辆未向信号系统反馈休眠允许，则信号系统判断休眠中止；若信号系统休眠指令下发后 600 s 内车辆未下电，则信号系统判断休眠中止；若信号系统设备状态不满足条件，则信号系统判断休眠中止。车辆收到休眠中止信息后，退出休眠过程。

（二）远程休眠

列车运行至休眠停车窗内停稳后，人工操作远程休眠指令，系统执行流程与自动休眠相同。

（三）人工本地休眠

FAM 模式下，列管员将列车激活旋钮打至分位后，系统自动完成与 ZC 的注销工作，并撤销司机室激活指令，系统按自动休眠步骤执行。

二、异常情况

如车辆无法自动休眠，按第二章第九节“休眠失败”执行。

三、功能分配

（一）信号

（1）能根据时刻表或出入库计划下发自动/远程休眠指令。

（2）具备对列车执行自动/远程休眠功能。

（3）在 ATS 工作站显示休眠结果，休眠失败后，ATS 工作站能显示报警信息。

（4）休眠状态下检测到蓄电池亏电（低于 90 V），ATS 工作站能显示报警信息。

（5）列车休眠后，信号系统应间隔 120 s 重新唤醒列车，以避免车辆制动系统和无线车载台自检失败。

（6）CAM 模式下，无法通过自动休眠、远程休眠的方式休眠列车。

（二）车辆

（1）FAM 模式下，能响应信号的休眠请求，并能向信号发送休眠允许，也能响应信号的休眠指令。

（2）在收到信号的休眠请求后，TCMS 能反馈车辆无法休眠的信息。

（3）列车休眠状态下，蓄电池可为车载 CC 唤醒休眠模块和车地通信设备供电。

（4）列车休眠后，车门电解锁开关延时 90 s 断电。
（5）当信号下发休眠中止后，车辆执行完当前的休眠项点，不再继续执行后续项点。
（6）整个列车休眠过程不响应远程控制指令（除远程 EB 控制指令）。

第十九节　登乘车场列车

一、场景

（一）登车流程

（1）列管员到达 DCC 登记后领取门禁卡、列车主控钥匙、车门外部解锁钥匙。
（2）登记完成后，场调激活对应区域的 SPKS。
（3）列管员确认防护区域入口处的 SPKS 指示灯点亮后，刷完门禁卡进入防护区域内指定登乘平台（打开门后，将门禁卡放入回收箱）。
（4）列管员观察列车登乘指示灯符合登车条件后，通过外部解锁指定车门进入列车，并将车门关闭后汇报场调。
（5）场调确认对应防护分区内所有需登车的列管员上车后，恢复对应区域的 SPKS。

（二）下车流程

（1）列车在列检库线股道停稳后，列管员联系场调申请下车。
（2）场调确认具备下车条件后，激活对应区域 SPKS。
（3）SPKS 成功激活后，场调通知列管员下车。
（4）列管员通过车厢解锁开关打开第一扇客室门，并从第一扇客室门下车，将车门关闭后通过指定防护区域通道门至 DCC 进行出清登记。
（5）场调确认该防护分区内所有列管员已出清后恢复 SPKS。

二、功能分配

（一）信号

（1）为每个防护区域（隔离分区）设置一个 SPKS。
（2）SPKS 集中设置在信号控制盘上。
（3）ATS 工作站界面上能显示 SPKS 激活状态和 SPKS 激活后的防护范围。
（4）每个防护区域入口设置 SPKS 指示灯，SPKS 激活后封锁对应的区域，禁止区域外的列车进入，禁止区域内的列车移动，经过一定时间确保 SPKS 防护区域内列车已停稳且不会有列车闯入，点亮防护区域入口处 SPKS 指示灯。
（5）能向车辆发送列车登乘信息，用于驱动列车登乘指示灯。

（二）车辆

（1）工作人员可从 Tc 车 1 或 2 号门通过操作电解锁开关或外部紧急解锁后，进入车厢并能在车内关闭车门。

（2）车辆外部配置列车登乘指示灯。

（三）通信

车场关键区域（车场道岔咽喉区、试车线、洗车线、进入全自动区门禁处、DCC（覆盖SPKS开关）、场外转换轨位置、地下通道、防护区域入口、停车列检库、触网接挂地线点等）覆盖CCTV。

（四）土建及车场工艺

（1）车场设置全自动区和非全自动区，并进行隔离。

（2）自动化区停车列检库每两个股道设置一个防护区域，车辆段/停车场咽喉区设置一个防护区域，洗车线设置一个防护区域，自动化区/非自动化区转换轨设置一个防护区域，试车线设置一个防护区域。

（3）每个防护区域配置安全通道并在入口处设置门禁，停车列检库每列位设置登乘平台。

（4）SPKS防护范围的图示、钥匙、相关标识牌应对应防护开关编号。

第二十节　车场自动化区域施工作业

一、场景

（1）当车场自动化区域需要施工作业时，施工人员在DCC进行登记，领取施工区域门禁卡。

（2）场调激活作业范围对应的SPKS。

（3）SPKS激活后，信号系统在确保SPKS防护区域内列车已停稳且不会有列车闯入时，对应防护区域入口处的SPKS指示灯点亮。

（4）施工人员确认防护区域入口处的SPKS指示灯点亮后，刷门禁打开对应防护区域通道门。

（5）施工人员须在对应SPKS防护区域内进行施工作业。

（6）完成施工作业后，施工人员原路返回DCC办理销记手续。

（7）场调确认SPKS防护区域内所有施工人员出清后，恢复对应区域SPKS。

二、功能分配

（一）信号

（1）为每个防护区域（隔离分区）设置一个SPKS。

（2）SPKS集中设置在信号控制盘上。

（3）ATS工作站界面上能显示SPKS激活状态和SPKS激活后的防护范围。

（4）每个防护区域入口设置SPKS指示灯，SPKS激活后封锁对应的区域，禁止区域外的列车进入，禁止区域内的列车移动，经过一定时间确保SPKS防护区域内列车已停稳且不会有列车闯入，点亮防护区域入口处SPKS指示灯。

（二）综合监控

（1）ISCS 工作站能显示自动化区门禁状态，并对处于打开状态的门显示报警信息。

（2）每个防护区域的入口处设置门禁，且仅在 SPKS 激活时对应的门禁才能打开。

（三）通信

（1）专用调度电话、LTE 手持台提供通信功能。

（2）CCTV 覆盖车场所有关键位置，具备调用功能。

（3）车场关键区域（车场道岔咽喉区、试车线、洗车线、进入全自动区门禁处、DCC（覆盖 SPKS 开关）、场外转换轨位置、地下通道、防护区域入口、停车列检库、触网接挂地线点等）覆盖 CCTV。

（四）土建及车场工艺

（1）车场自动化区和非自动化区应采用物理隔离（设置门禁）或者管理隔离（设置检查岗亭）的方式进行隔离。

（2）洗车线设于自动化区，洗车机控制室与洗车线之间设置门禁。

（3）自动化区停车列检库每两个股道设置一个防护区域，车辆段/停车场咽喉区设置一个防护区域，洗车线设置一个防护区域，自动化区/非自动化区转换轨设置一个防护区域。

（4）每个防护区域配置安全通道并在入口处设置门禁，停车列检库每列位设置登乘平台。

（5）SPKS 防护范围的图示、钥匙、相关标识牌应对应防护开关编号。

第二十一节　场内自动转线

一、场景

（一）自动化区内调车作业

（1）场调根据调车计划为需转线的列车人工设置目的地码，ATS 系统根据目的地码自动触发进路，列车以 FAM 模式运行。

（2）列车运行至指定位置准备折返时，场调设置下一目的地的目的地码，车载 CC 实现自动换端，并控制列车自动运行至指定位置停车。

（二）从自动化区至非自动化区调车作业

（1）列车自动运行至非自动化区与自动化区的转换轨停车。

（2）列管员按本章第十九节“登乘车场列车”流程登车。

（3）列管员进入列车打开驾驶台，将列车退出 FAM 模式并转为 RM 模式。

（4）场调办理进入非自动化区的进路。

（5）列管员根据场调指令驾驶列车进入非自动化区。

（三）从非自动化区至自动化区调车作业

（1）列管员以 RM 模式人工驾驶列车到非自动化区与自动化区的转换轨规定位置停车后，通知场调激活非自动化区与自动化区转换轨的 SPKS。

（2）场调激活非自动化区与自动化区转换轨的 SPKS，确认激活成功后，通知列管员下车。

（3）列管员将驾驶模式转为 FAM 模式并关闭驾驶台，列车自动进入 FAM 模式待命工况。

（4）列管员通过客室门下车，并操作车外解锁装置关闭车门后，通知场调已下车。

（5）场调确认列管员已下车后，恢复非自动化区与自动化区转换轨的 SPKS，并为列车设置目的地码。

（6）列车根据目的地码运行至指定股道。

（7）如列管员需跟车至运用库下车，按 2.19.1 中的“下车流程”执行。

二、功能分配

（一）信号

（1）具备自动排列场内列车进路功能。

（2）可在 ATS 工作站上为转线列车设置目的地码，ATS 根据目的地码自动触发进路。

（3）FAM 模式下，车载 CC 可根据 ATS 的运行指令控制列车自动运行至目的地。

（4）“非自动化区/自动化区”转换区域设置 SPKS。

（5）能向车辆发送列车登乘信息，用于驱动列车登乘指示灯。

（6）SPKS 集中设置在信号控制盘上。

（7）在“非自动化区/自动化区”转换轨具备精确停车功能。

（二）车辆

（1）工作人员可从 Tc 车 1 或 2 号门通过操作电解锁开关或外部紧急解锁后，进入车厢并能在车内关闭车门。

（2）车辆外部配置列车登乘指示灯。

（3）能根据司机室激活状态控制头尾灯。

（三）土建与车场工艺

（1）车场设置自动化区和非自动化区，并进行隔离。

（2）自动化区停车列检库每两个股道设置一个防护区域，车辆段/停车场咽喉区设置一个防护区域，洗车线设置一个防护区域，自动化区/非自动化区转换轨设置一个防护区域。

（3）每个防护区域配置安全通道并在入口处设置门禁，停车列检库每列位设置登乘平台。

（4）SPKS 防护范围的图示、钥匙、相关标识牌应对应防护开关编号。

第二十二节　工况管理

一、场景

FAM 模式列车根据不同位置与作业场景自动转换相应工况。

（1）对进入存车线或由正线进入转换轨的列车，自动执行“退出正线服务”工况。

（2）由车场进入转换轨的列车，自动执行“正线服务”工况。

（3）对回库停稳且有清扫任务的列车，自动执行“清扫/检修”工况；若有新运行计划时，自动执行“待命”工况。

（4）对在车场内自动转线的列车，自动执行“场内运行”工况。

（5）对唤醒成功且没有计划任务的列车，自动执行“待命”工况。

（6）对安排洗车计划的列车，自动执行“洗车”工况。

二、功能分配

（一）信号

（1）能根据不同位置与作业场景自动向车辆发送相应工况。

（2）ATS 工作站能显示列车工况的执行情况。

（3）列车出库时，车头距离出库信号机 1 m 时，开始执行“场内运行”工况。

（4）列车头部进入转换轨自动领取车次号，尾部越过出场/段信号机 1 m 时，开始执行“正线服务”工况。

（5）列车自正线回场时，列车压入入场/段信号机内方第一个区段，开始执行“场内运行”工况，直到列车停稳后执行下一个工况。

（二）车辆

（1）能执行工况指令，自动控制照明、空调。

（2）“正线服务”工况时，列车开启照明、空调。

（3）“退出正线服务”工况时，列车开启应急照明，关闭空调。

（4）“场内运行”工况时，列车开启应急照明，关闭空调。

（5）“洗车”工况时，列车关闭照明、空调。

（6）“清扫/检修”工况时，列车开启照明、空调。

（7）“待命”工况时，列车开启应急照明，关闭空调。

（8）能向信号系统反馈车辆工况执行情况。

（9）FAM 模式下，具备在占有端手动开启列车照明、空调的功能。

（10）若车辆未收到新的工况指令，则保持当前工况。

第二章　故障场景设计

全自动运行运营故障场景作为全自动运行运营策划的主要内容之一，与非功能类性能指标及运维管理模式等共同构成运营需求，对系统功能分配、系统设计、作业流程及运营规章编制等均有重要的指导作用。

全自动运行运营故障场景包含了信号系统、通信系统、车辆系统、综合监控系统、站台门系统，重点突出基本处置程序中的内容，以操作人员处置过程为主，为制订行车组织规则提供依据，用更先进和前沿的技术解决运维的痛点，为后续更高层次的运维提供基础，有效提升运营效率。

第一节　控制中心中央 ATS 服务器、工作站故障

控制中心中央 ATS 服务器分为 ATS 应用服务器、ATS 通信服务器、ATS 接口服务器、ATS 数据库服务器。

一、ATS 应用服务器故障

（一）场景

（1）当主用控制中心与备用控制中心的 ATS 应用服务器均故障，ATS 控制功能不可用且界面灰色显示，ATS 维护工作站显示应用服务器故障信息。

（2）OCC 无法通过 ATS 监控列车，ATS 与外部子系统接口功能失效。

（3）停站列车打开车门不关闭，区间运行的列车继续运行至下一站停车打开车门不关闭或运行至区间未开放信号机前停车。

（4）列车到站后，无法以 FAM 模式继续运行。

（5）因 ATS 与综合监控无法通信，综合监控无法完成车门紧急解锁、紧急对讲、列车唤醒、区间阻塞、站台紧急停车按钮、列车火灾、车门故障、车门防夹、司机台盖板打开、区间火灾等 CCTV 联动功能。

（二）处置流程

FAM 调通知行车值班员将车站 ATS 切换到联锁“紧急站控”模式，派遣列管员接管列车；OCC 维调尽快安排专业维修设备；中间站行值根据 FAM 调指令设置自动通过进路、折返站设置自动折返进路；列管员按 FAM 调指令驾驶列车（最高可用驾驶模式 ATO）。

（三）功能分配

1. 信号

（1）主用控制中心和备用控制中心应用服务器冗余设计，主用控制中心应用服务器故障后可以自动切换到备用控制中心应用服务器，主用控制中心双机故障后可以自动切换到备用控制中心应用服务器。

（2）主备应用服务器的切换不影响列车全自动运行。

（3）ATS 维护工作站能显示应用服务器故障信息。

（4）当主用控制中心应用服务器修复后，备用控制中心应用服务器需手动切换到主用控制中心应用服务器。

2. 通信

专用调度电话、LTE 手持台提供通信功能。

3. 土建与车场工艺

线路设置备用控制中心。

二、ATS 通信服务器故障

（一）场景

（1）当主用控制中心与备用控制中心的 ATS 通信服务器故障，ATS 与 CC、ZC 通信中断，ATS 停止更新来自车载 CC 的信息，ATS 工作站弹出报警信息提示，ATS 维护工作站显示通信服务器故障信息。

（2）停站列车打开车门不关闭，区间运行的列车继续运行至下一站停车打开车门不关闭。

（3）站台门、车门自动对位隔离功能不可用。

（4）列车到站后，无法以 FAM 模式继续运行。

（5）中央 ATS 与车站 ATS 均无法设置或取消“临时限速”及“全自动运行授权”指令。

（6）列车无法接收 ATS 下达的控制命令。

（二）处置流程

FAM 调派遣列管员接管列车；列管员按 FAM 调指令驾驶列车（最高可用驾驶模式 ATO）；OCC 维调尽快安排专业维修设备。

（三）功能分配

1. 信号

（1）主用控制中心服务器和备用控制中心服务器冗余设计，主用控制中心服务器故障后可以自动切换到热备服务器，主用控制中心双机故障后可以自动切换到备用控制中心服务器。

（2）主备服务器的切换不影响列车全自动运行。

（3）ATS 维护工作站显示通信服务器故障信息。

（4）ATS 工作站能显示通信服务器报警信息。

2. 通信

专用调度电话、LTE 手持台提供通信功能。

3. 土建与车场工艺

线路设置备用控制中心。

三、ATS 接口服务器故障

（一）场景

（1）当主用控制中心与备用控制中心的接口服务器故障，ATS 子系统与外部子系统（乘客信息系统、广播系统、专用无线系统、时钟系统、综合监控系统、发车指示器、站台门系统）通信中断，ATS 子系统与各外部子系统停止交互信息。

（2）ATS 维护工作站显示接口服务器故障信息。

（3）ATS 与外部子系统接口功能不可用。

（4）列车在从车辆段/停车场进入正线或者从正线进入车辆段/停车场无法进行无线车载台频道的切换。

（5）因 ATS 与综合监控无法通信，综合监控无法完成车门紧急解锁、紧急对讲、列车唤醒、区间阻塞、站台紧急停车按钮、列车火灾、车门故障、车门防夹、司机台盖板打开、区间火灾等 CCTV 联动功能。

（二）处置流程

FAM 调派遣列管员接管列车；OCC 维调尽快安排专业维修设备；列管员通过无线车载台或手持台与 FAM 调保持联系；车站广播由站务人员人工播放。

（三）功能分配

1. 信号

（1）主用控制中心服务器和备用控制中心服务器冗余设计，主用控制中心服务器故障后可以自动切换到热备服务器，主用控制中心双机故障后可以自动切换到备用控制中心服务器。

（2）主备服务器的切换不影响列车全自动运行。

（3）ATS 维护工作站能显示接口服务器故障信息。

2. 土建与车场工艺

设计有备用控制中心。

3. 通信

具备人工广播功能。

四、ATS 数据库服务器

1. 场景

当 ATS 数据库服务器故障，ATS 工作站报表窗口不可用。ATS 工作站、ATS 维护工作站均显示数据库服务器故障信息。

2. 处置流程

OCC 维调尽快安排专业维修设备。

3. 功能分配

1）信号

（1）数据库服务器故障不影响正线运营。

（2）ATS 工作站能显示数据库服务器报警信息。

（3）ATS 维护工作站能显示数据库服务器报警信息。

五、中央 ATS 工作站故障

（一）场景

中央 ATS 工作站发生故障，FAM 调无法通过该工作站对列车运行情况进行操作与监控；ATS 维护工作站显示 ATS 工作站故障信息。

（二）处置流程

FAM 调使用其他中央 ATS 工作站进行操作和监控；OCC 维调尽快安排专业维修设备；当 OCC 所有 ATS 工作站故障时，站务人员根据 FAM 调指令将车站 ATS 控制权转为站控。

（三）功能分配

信号：ATS 维护工作站能显示中央 ATS 工作站的故障报警。

第二节　控制中心通信系统故障

一、地面 CCTV 故障

（一）场景

当主用和备用控制中心地面 CCTV 与 ISCS 接口均故障时，ISCS 自动推送 CCTV 功能、ISCS 调用 CCTV 功能不可用；当地面 CCTV 系统故障时，CCTV 图像无法被调用。

（二）处置流程

FAM 调及站务人员可使用 CCTV 监视终端进行调取；OCC 维调尽快安排专业维修设备。

（三）功能分配

1. 综合监控

（1）中央与车站 ISCS 工作站能显示地面 CCTV 接口故障报警信息。

（2）中央与车站 ISCS 工作站能显示 CCTV 故障报警信息。

2. 通信

中央与车站配置 CCTV 监视终端。

二、地面 PIS 故障

（一）场景

当主用与备用控制中心 PIS 系统均故障时，全线 LCD 屏无法显示列车到站信息及 ISCS 工作站发布的文本信息；FAM 调无法向列车发布紧急文本及调用车载视频图像；车辆智能运维信息无法上传。

（二）处置流程

FAM 调或站务人员可通过人工广播播报信息；OCC 维调尽快安排专业维修设备。

（三）功能分配

1. 信号

中央 ATS 工作站、维护工作站显示地面 PIS 与 ATS 接口故障报警信息。

2. 综合监控

中央 ISCS 工作站显示地面 PIS 故障报警信息。

3. 通信

（1）能对车站进行人工广播。

（2）集中告警显示地面 PIS 故障报警信息。

三、专用无线集群调度故障

（一）场景

当控制中心专用无线集群调度故障时：无线调度台、无线车载台、无线固定台、手持台不可用；列车远程广播功能不可用；列车乘客紧急对讲功能不可用。

（二）处置流程

站务人员、列管员可与 FAM 调保持有线通信或无线公网通信；OCC 维调尽快安排专业维修设备；FAM 调派遣列管员站台登车，以 ATO 模式驾驶列车。

（三）功能分配

1. 综合监控

中央 ISCS 工作站能显示专用无线集群调度设备的报警信息。

2. 通信

（1）能在中央无线调度台上显示专用无线集群调度故障信息。

（2）能在无线网管工作站显示故障报警信息。

（3）当无线集群调度设备故障时，手持台具备双模自动切换至无线公网通信的功能，列管员可与 FAM 调保持无线公网通信。

四、PA 故障

（一）场景

当控制中心 PA 故障时，全线车站的列车到站自动广播功能不可用。

（二）处置流程

站务人员通过车站 ISCS 工作站进行人工广播；如 ISCS 工作站无法人工广播，站务人员通过后备广播控制盒进行人工广播；如后备广播控制盒无法进行广播，站务人员通过应急直通广播进行人工广播。

（三）功能分配

1. 信号

当 ATS 与 PA 接口故障，中央 ATS 工作站、ATS 维护工作站显示故障报警信息。

2. 综合监控

（1）中央与车站 ISCS 工作站具备人工广播功能。

（2）中央 ISCS 工作站能显示 PA 与 ISCS 接口故障报警信息。

3. 通信

（1）车站广播系统配置后备广播控制盒。

（2）PA 故障时，中央 PA 网管工作站显示故障报警信息。

（3）车站广播系统配置应急直通广播功能。

第三节　控制中心大屏和中央 ISCS 服务器故障

一、大屏故障

（一）场景

当大屏接口计算机设备故障或大屏系统故障，大屏无法正确显示各专业的信息。

（二）处置流程

（1）OCC 各岗位调度员从 ATS 工作站、CCTV 工作站及 ISCS 工作站获取信息。

（2）OCC 维调尽快安排专业人员维修设备。

（三）功能分配

1. 信号

ATS 维护工作站能显示大屏接口通信中断报警信息。

2. 综合监控

ISCS 网管工作站能显示客流、电力接口通信中断报警信息。

二、中央 ISCS 服务器故障

（一）场景

（1）当主用控制中心与备用控制中心的服务器均故障，FAM 调无法通过 ISCS 工作站监控全线列车运行。

（2）OCC 环调、电调无法监控车站机电、电力设备。

（3）FAM 调、环调无法通过 ISCS 工作站下发列车、地面广播和 PIS 信息，无法使用紧急对讲功能，无法推送、调用 CCTV。

（4）综合监控系统无法完成与各专业相关联动功能。

（二）处置流程

FAM 调使用 ATS 工作站监控全线列车运行；FAM 调通过 IPH 工作站进行远程列车广播与乘客紧急对讲；FAM 调使用 CCTV 工作站调取视频；OCC 电调通知变电专业前往牵引混合变电所值守；FAM 调通知全线车站使用车站级综合监控系统监控设备；OCC 维调尽快安排专业人员维修设备。

（三）功能分配

1. 综合监控

（1）主用控制中心服务器和备用控制中心服务器冗余配置。

（2）采用热备冗余服务器，且具备自动切换功能。

（3）具备控制中心、车站二级控制功能。

（4）主备控制中心的综合监控设备具备手动切换功能。

（5）具备单台服务器故障报警功能。

2. 通信

专用调度电话、LTE 手持台提供通信功能。

三、中央 ISCS 工作站故障

（一）场景

ISCS 工作站故障，FAM 调无法监控设备状态。

（二）处置流程

FAM 调通过其他 ISCS 工作站监控设备；如含 FAM 调功能的 ISCS 工作站故障，FAM 调通过 IPH 工作站进行远程列车广播与乘客紧急对讲;FAM 调可使用 CCTV 监视终端进行调取;OCC 维调尽快安排专业人员维修设备;当控制中心所有 ISCS 工作站故障,按“中央 ISCS 服务器故障”执行。

(三)功能分配

综合监控:

(1)具备控制中心、车站二级控制功能。

(2)具备工作站故障报警功能。

四、启用备用控制中心

(一)场景

备用控制中心(BOCC)的设立主要考虑在主用控制中心完全不可用的情况下(如遇火灾、失电、地震、战争等),可以用备用控制中心组织地铁运营,不至于使运营中断。

(二)处置流程

当主用控制中心发生失电、火灾、爆炸、地震、战争等会危及主用控制中心各岗位人员人身安全或影响主用控制中心正常运作的情况时,可启用备用控制中心。

(1)调度员使用通信设备(紧急情况下使用手持通信设备)通知所有运营相关人员,列管员登乘正线各次列车,场调可担任临时调度员操作 ATS 设备转移控制功能:

① 必要时可通知各设备集中站行车值班员将 ATS 与 ISCS 控制权转为本地控制。

② 场调在备用控制中心的 ATS 工作站与 ISCS 工作站登陆具备控制权限的账号。

③ OCC 维调通知各专业手动将信号、综合监控、通信主用服务器切换至备用控制中心。

(2)各岗位调度到达备用控制中心后,正式启用备用控制中心指挥行车,通知所有运营相关人员,收回各系统设备控制权。

(三)功能分配

1. 信号

(1)主用控制中心服务器控制全线运行,备用控制中心服务器处于热备状态。

(2)主备控制中心服务器均冗余配置(数据库服务器除外)。

(3)主用控制中心服务器均故障时,或主用控制中心和车站的网络故障,具备自动切换到备用控制中心服务器的功能。

(4)具备人工方式切换主备服务器的功能。

(5)备用控制中心设置与主用控制中心相同数量的 ATS 工作站。

(6)具备站控与紧急站控功能。

(7)当主用控制中心信号系统有线网络通信中断后,不影响车地通信业务,车地通信网络可单网运行,直到备用控制中心主交换机升级为主用,车地通信恢复双网运行。

(8)因信号系统与站台门系统的接口位于车站,主备控制中心切换不影响该接口。

2. 综合监控

（1）备用控制中心服务器处于热备状态。

（2）主备控制中心服务器均冗余配置。

（3）主用控制中心服务器均故障时，具备切换到备用控制中心服务器的功能。

（4）主用 ISCS 接口服务器能连接主用的 ATS 接口服务器。

（5）主用 ISCS 接口服务器能连接主用的 CCTV 接口服务器。

（6）当综合监控与信号系统的传输通道中断后，综合监控能通过备用传输通道连接信号系统。

3. 通信

（1）主备控制中心 PIS 服务器均冗余配置。

（2）PIS 主用接口服务器能连接控制中心信号系统 ATS 主用接口服务器。

（3）当信号系统切换至备用控制中心接口服务器时，PIS 主用服务器能连接备用控制中心的 ATS 接口服务器。

（4）当 PIS 与信号系统的传输通道中断后，PIS 能通过备用传输通道连接信号系统。

（5）主备控制中心 PA 接口板卡均冗余配置。

（6）PA 接口板卡能连接控制中心信号系统 ATS 接口服务器。

（7）当信号系统切换至备用控制中心接口服务器时，备用控制中心的 PA 接口板卡能连接备用控制中心的 ATS 接口服务器。

（8）主用 CCTV 服务器故障时，能自动切换至备用控制中心的 CCTV 服务器。

（9）主用控制中心配置 A 网主用核心网和 B 网的备用核心网，备用控制中心配置 A 网备用核心网和 B 网主用核心网。

（10）主用控制中心配置信号 A 网主用主交换机和 B 网备用主交换机，备用控制中心配置 A 网备用主交换机和 B 网主用主交换机。

（11）当主用控制中心 LTE 核心网全部中断后，不影响车地通信业务，车地通信网络可单网运行，直到备用控制中心的核心网升级为主用，车地通信恢复双网运行。

第四节　轨旁设备信号系统故障

一、道岔故障

（一）场景

当道岔失去表示时，列车仅能以 RM 或 URM 模式越过故障道岔。

（二）处置流程

（1）FAM 调及时扣停列车，通过 ATS 操作故障道岔进行故障判断（原则上定反位来回单操 2 次以上）。

（2）如道岔表示未恢复，FAM 调安排站务人员人工准备进路。

（3）FAM 调派遣列管员上车接管列车。

（4）列管员按 FAM 调指令驾驶列车。

（5）FAM 调安排维修人员利用行车间隔处理故障道岔。

（三）功能分配

1. 信号

（1）道岔失去表示后，能控制列车在道岔前停车，如果无法保证在道岔前停车，则触发紧急制动。

（2）中央与车站的 ATS 工作站能显示道岔无表示报警信息。

（3）列车区间临时停车时能立即向车辆发送临时停车信号。

（4）列车在站台停车发车倒计时结束后无法发车，能立即向车辆发送站台停车超时信号。

（5）经专业现场维修，道岔恢复后，FAM 模式列车将自动启动，必须确保现场人员出清后才能恢复 SPKS。

2. 车辆

（1）列车能按信号系统给出的信息自动触发预录广播与车载 PIS 显示信息；车辆系统收到信号系统发送的临时停车标志后，能根据信号系统的触发信号播放预录广播和车载 PIS 显示。

（2）车辆系统收到信号系统发送的站台停车超时信号后，按一定间隔自动循环播放提醒广播。

（3）能执行远程人工广播。

（4）能显示远程下发的 PIS 信息。

3. 综合监控

具备对列车远程人工广播、下发 PIS 信息功能。

4. 通信

（1）具备对列车远程人工广播功能。

（2）专用调度电话、LTE 手持台提供通信功能。

二、计轴故障

（一）场景

当发生计轴故障，ATS 工作站相应计轴区段显示棕光带，不影响通信列车运行；当非通信列车接近计轴故障区段后，区段变为“占用”状态，ATS 工作站相应计轴区段显示粉光带（列车需降级通过）。

（二）处置流程

FAM 调与行值共同确认粉光带计轴区段无列车占用；FAM 调或授权行值对故障区段操作计轴预复位，列车通过并出清后，计轴状态恢复正常；当出现粉光带时，FAM 调派遣列管员接管列车。

（三）功能分配

1. 信号

（1）计轴磁头或计轴区段的故障不影响通信列车运行。

（2）中央与车站 ATS 工作站具备计轴区段预复位功能，预复位操作成功后 ATS 显示预复位成功信息。

（3）计轴区段操作预复位成功，清扫列车通过后计轴区段恢复正常。

（4）ATS 显示棕光带表示计轴故障，ATS 显示粉光带表示计轴区段非通信列车占用。

（5）车辆段与停车场计轴配置为可切除计轴，联络线为不可切除区段，如公共磁头故障，占用状态会蔓延至对应正线道岔区段；如非通信列车经过故障计轴，后续列车须降级通过。

2. 通信

专用调度电话、LTE 手持台提供通信功能。

三、信标故障

（一）场景

连续两个及以上信标故障，超出最大定位误差允许值会造成列车定位丢失并施加紧急制动。

（二）处置流程

FAM 调在 ATS 工作站授权列车以全自动限速运行模式（FRM）运行；如列车无法动车，FAM 调派遣列管员接管列车；列管员根据 FAM 调指令驾驶列车。

（三）功能分配

1. 信号

（1）线路上定位信标最大间距不超过 300 m，在一个信标故障导致读取丢失的情况下，不影响列车正常运行。当连续丢失两个及以上信标时，可能因为列车累积定位误差超过系统最大定位误差，导致列车失去定位。

（2）轮径校准失败后，使用前一次轮径值；如超出最小或最大轮径范围，列车丢失定位并紧急制动。

（3）具备全自动限速运行模式（FRM）功能。

2. 通信

专用调度电话、LTE 手持台提供通信功能。

四、ZC 故障

（一）场景

ZC 故障时，故障区域内的 CBTC 列车立即施加紧急制动，中央与车场 ATS 工作站显示报警信息。通信列车占用光带为红光带，非通信列车占用光带为粉光带。如 ATS 与 CC 通信正常，CC 能将列车位置信息发送至 ATS。

（二）处置流程

（1）FAM 调扣停即将进入故障区域的列车；通过 ATS 工作站确认列车距前后车站的距离。

（2）FAM 调通过远程广播告知受影响乘客。

（3）OCC 维调尽快安排专业人员维修设备。

（4）FAM 调安排列管员接管相关列车：即将进入故障区域的列车，列管员接管列车后根据 FAM 调指令将列车切换到点式后备模式驾驶；故障区域区间内的列车，列管员接管列车后根据 FAM 调指令转为 RM 模式驾驶列车运行至前方站，在信号机前成功读取有源信标后升级为点式后备模式驾驶。

（5）ZC 故障恢复，FAM 调通过 ATS 工作站重新设置故障区域全自动驾驶区域授权后，相应区域内列车可采用 ATO 与 ATPM 驾驶模式。

（6）列车到站台停车后，列管员根据 FAM 调指令将列车转为 FAM 模式运行。

（三）功能分配

1. 信号

（1）ZC 故障时，中央与车站 ATS 工作站、ATS 维护工作站显示报警信息。

（2）ZC 故障恢复后，列车以 RM 模式运行经过自动化区的任意一个计轴区段边界时，能完成筛选，重新获取 CBTC 授权并升级为 ATO 或 ATPM 模式。

（3）ZC 系统为双系冗余系统，单系故障或者主备系切换不影响 ZC 正常工作。

（4）车地通信正常且列车定位未丢失，中央 ATS 工作站可显示故障区域内列车距前后车站的距离。

（5）ZC 重启时，不影响区域内点式列车运行。

2. 通信

专用调度电话、LTE 手持台提供通信功能。

五、ZC.DS 故障

（一）场景

ZC.DS 为具备临时限速功能的 ZC 设备；ZC.DS 故障时，区域内的 CBTC 列车立即施加紧急制动；全线范围内不能新建、修改、删除临时限速，非故障 ZC 区域已设置临时限速依然有效。

（二）处置流程

参照“ZC 故障”处置流程执行；ZC.DS 重启后，FAM 调在 ATS 工作站上确认临时限速初始化，并确认是否同步成功，如同步不成功，需 FAM 调重新设置临时限速。

（三）功能分配

1. 信号

（1）ZC.DS 故障时，ATS 工作站、维护工作站显示报警信息。

（2）ZC.DS 支持对全线 TSR 管理，TSR 管理功能包括：初始化、设置、取消、修改、备份。

（3）ZC.DS 把 TSR 同步备份到其他 ZC，故障期间不影响其他 ZC 管辖区域 TSR 使用。

（4）ZC.DS 重启恢复正常后，区域内执行最严格临时限速，并从其他 ZC 获取 TSR 信息，向 ATS 发送临时限速初始化请求，FAM 调在 ATS 工作站上确认 ZC 间自动同步的临时限速，ZC.DS 完成初始化。

（5）临时限速初始化确认窗口只设置“确认”按钮。

（6）ZC.DS 系统为双系冗余系统，单系故障或者主备系切换不影响 ZC.DS 正常工作。

（7）车地通信正常且列车定位未丢失，中央 ATS 工作站可显示故障区域内列车距前后车站的距离。

2. 通信

专用调度电话、LTE 手持台提供通信功能。

六、联锁故障

（一）场景

联锁故障，相邻联锁区至故障联锁区进路无法办理，联锁区域内进路无法办理，道岔无法操动；ATS 工作站、联锁工作站无法监视此区域内的轨旁设备状态信息；故障联锁区域内正在运行的列车紧急制动，停站列车无法动车。

（二）处置流程

（1）FAM 调派遣列管员接管相关列车；通知站务人员人工准备进路；组织区间迫停列车以 RM 或 URM 模式运行至站线或折返线；组织故障区域采用电话闭塞法行车。

（2）OCC 维调尽快安排专业维修设备。

（三）功能分配

1. 信号

（1）联锁系统为双系冗余系统，单系故障或者主备系切换不影响联锁系统正常工作。

（2）联锁系统故障后，能在中央 ATS 工作站、维护工作站上显示报警信息。

（3）联锁系统故障后，车地通信正常且列车定位未丢失，中央 ATS 工作站可显示故障区域内列车距前后车站的距离。

2. 通信

专用调度电话、LTE 手持台提供通信功能。

七、车站 ATS 服务器故障

（一）场景

故障服务器对应区域的 ATS 界面灰显，自动进路功能不可用；中央与车站 ATS 工作站、ATS 维护工作站显示车站 ATS 服务器故障报警信息。

（二）处置流程

FAM 调通知行值将 ATS 切换到联锁“紧急站控”模式；行值根据 FAM 调指令办理自动通过或自动折返进路。

（三）功能分配

信号：

（1）车站 ATS 服务器冗余配置，单台设备故障不影响系统运行。

（2）中央 ATS 工作站、维护工作站能显示车站 ATS 服务器故障报警信息。

（3）车站 ATS 服务器故障前已触发的进路有效且不影响列车运行。

八、车站现地控制工作站故障

（一）场景

车站现地控制工作站发生故障，行值无法通过该工作站对列车运行情况进行操作与监控；中央与车站 ATS 工作站、ATS 维护工作站显示车站现地控制工作站故障报警信息。

（二）处置流程

行值将故障汇报 FAM 调；OCC 维调尽快安排专业维修设备。

（三）功能分配

信号：

（1）ATS 工作站、维护工作站能显示车站现地控制工作站故障信息。

（2）车站现地控制工作站冗余配置，单台设备故障不影响系统运行。

第五节　列车设备故障场景

一、列车供电故障

（一）列车无网压

1. 场景

列车无网压，无法施加牵引力。

2. 处置流程

（1）OCC 电调核实接触网是否失电。

（2）若供电区间内的所有列车降弓后接触网可正常供电，由 FAM 调逐列对供电分区内的列车进行以下操作：

① 远程操作升弓，若供电系统未跳闸，则继续运营。

② 若跳闸，则降前车受电弓，供电系统尝试合闸，若合闸成功，则继续运营。

③ 若无法合闸，则升弓，并降后车受电弓，供电系统尝试合闸，若合闸成功，则继续运

行；若无法合闸，降整车受电弓，申请救援。

（3）若弓网冲突且不能降弓，则 FAM 调派遣列管员、站务人员组织乘客疏散。

3. 功能分配

1）信号

（1）ATS 工作站能显示列车网压信息、受电弓、高断状态及相关故障信息。

（2）能发送远程升降弓及分合高断指令至列车。

2）车辆

（1）能执行远程升降弓和分合高断功能。

（2）FAM 模式下升弓后自动合高断。

（3）能对单弓运行的列车限速 70 km/h。

（4）能对运行中突发供电中断的列车，执行牵引封锁，并启动应急照明和紧急通风。

3）综合监控

（1）中央与车场 ISCS 能显示接触网失电及跳闸故障信息，并能调取列车弓网监测视频。

（2）能向信号系统发送接触网失电信息。

（3）具备接触网手动重合闸功能。

4）通信

（1）专用调度电话、LTE 手持台应提供通信功能。

（2）CCTV 工作站能调取列车弓网监测视频。

（二）受电弓姿态异常报警

1. 场景

列车运营过程中，弓网监测系统监测到受电弓姿态异常，ATS 工作站显示报警信息。

2. 处置流程

FAM 调收到受电弓故障报警信息后，根据运维支持员提供的信息进行处置：

（1）若未发生弓网冲突、受电弓外观完整且双弓均处于升弓状态，则列车继续以 FAM 运行至终点站退出运营。

（2）若受电弓出现姿态异常但未发生弓网冲突，FAM 调远程降下故障受电弓。

（3）若弓网冲突且不能降弓，则派遣列管员、站务人员组织乘客疏散。

3. 功能分配

1）信号

（1）ATS 工作站能显示受电弓故障及状态信息。

（2）ATS 工作站能发送远程升降弓及分合高断指令至列车。

（3）ATS 工作站能显示列车网压信息、受电弓、高断状态信息。

2）车辆

（1）能执行远程升降弓和分合高断功能。

（2）具备受电弓监测功能、受电弓监测视频记录功能。

（3）能对单弓运行的列车限速 70 km/h。

3）综合监控

中央与车场 ISCS 工作站能调取列车弓网监测视频。

4）通信

（1）专用调度电话、LTE 手持台应提供通信功能。

（2）CCTV 工作站能调取列车弓网监测视频。

二、制动系统故障

（一）总风压力低报警

1. 场景

列车运营时，由于列车总风压力低而报警。ATS 工作站显示列车总风压力低报警信息。

2. 处置流程

（1）FAM 调收到列车总风压力低报警信息后，通过 ATS 工作站操作“总风压力可用旁路”，列车执行旁路后，运行至下一站后自动扣车。

（2）FAM 调派列管员接管列车，清客后运行至就近存车线。

（3）若总风压力值低至不允许动车，FAM 调派列管员处置。

3. 功能分配

1）信号

（1）ATS 工作站能显示总风压力低报警信息及总风压力值。

（2）可发送或取消“总风压力可用旁路”命令，在执行远程旁路后，退出 FAM 模式自动取消所有远程旁路指令。

（3）能对总风压力低报警的列车执行自动扣车。

2）车辆

（1）能向信号系统发送总风压力低报警信息及总风压力值。

（2）能在收到信号系统发送的扣车命令后，保持车门打开，能响应站台开关门指令，不响应远程关门指令。

（3）若总风压力低于 600 kPa，列车实施零速牵引封锁，“总风压力可用旁路”不可消除该牵引封锁。

3）通信

专用调度电话、LTE 手持台提供通信功能。

（二）空气压缩机故障

1. 场景

列车运营时空压机出现故障，ATS 工作站显示故障信息。

2. 处置流程

（1）若 1 台空压机故障，列车具备全天运行的能力。

（2）若 2 台空压机故障，列车以 FAM 模式运行至下一站自动扣车，FAM 调组织清客并派遣列管员接管列车，列管员驾驶列车过程中须尽量减少制动工况。

（3）若总风压力值低至无法动车时，按“总风压力低报警”执行。

3. 功能分配

1）信号

（1）ATS 工作站能显示空压机故障信息和总风压力状态。

（2）能对 2 台空压机故障的列车执行自动扣车。

2）车辆

（1）能向信号系统发送空压机故障及状态信息。

（2）能在收到信号系统发送的扣车命令后，保持车门打开，能响应站台开关门指令，不响应远程关门指令。

（3）若总风压力低于 550 kPa，列车触发紧急制动。

3）通信

专用调度电话、LTE 手持台提供通信功能。

（三）空气制动无法缓解

1. 场景

单个转向架或多个转向架气制动无法缓解，车辆自动对无法缓解的转向架执行强迫缓解，ATS 工作站显示车辆限速。

2. 处置流程

（1）若在区间强迫缓解失败，车辆自动执行“所有制动缓解旁路”，以 FAM 模式运行至下一站，FAM 调安排列管员接管列车。

（2）若在站台强迫缓解失败，FAM 调派遣列管员接管列车，根据限速在合适时机退出服务。

（3）FAM 调在 ATS 工作站确认车辆强迫缓解、所有制动缓解旁路执行状态。

3. 功能分配

1）信号

（1）ATS 工作站能显示列车气制动无法缓解故障、限速、强迫缓解状态及所有制动缓解旁路信息。

（2）能对所有制动缓解旁路列车执行自动扣车。

（3）信号系统将接收的强迫缓解状态信息或所有制动缓解旁路状态信息反馈给车辆。

2）车辆

（1）能自动执行强迫缓解及所有制动缓解旁路，并向信号系统发送限速、强迫缓解状态及旁路状态信息。

（2）退出 FAM 模式时，自动取消系统施加的“所有制动缓解旁路”。

（3）当制动不缓解转向架数量不大于 3 个时，强迫缓解功能可用：1 个转向架强迫缓解限速 70 km/h，2 个转向架强迫缓解限速 60 km/h，3 个转向架强迫缓解限速 45 km/h，强迫缓解不影响 GEBR（可保证的紧急制动的减速度）。

（4）执行“所有制动缓解旁路”，限速 10 km/h，存在列车抱闸运行且客室内散发焦味、异味的可能性。

（5）能在收到信号系统发送的扣车命令后，保持车门打开，能响应站台开关门指令，不响应远程关门指令。

（6）若未收到信号系统发送的强迫缓解或所有制动缓解旁路的执行状态反馈信息，列车实施牵引封锁。

3）通信

专用调度电话、LTE 手持台提供通信功能。

（四）停放制动无法缓解

1. 场景描述

列车运营时，列车停放制动未缓解，车辆自动执行“停放制动缓解旁路”，ATS 工作站显示车辆限速。

2. 处置流程

（1）FAM 调在 ATS 工作站确认停放制动缓解旁路执行状态。

（2）列车以 FAM 模式运行至下一站自动扣车，FAM 调组织清客并派列管员接管列车。

3. 功能分配

1）信号

（1）ATS 工作站能显示列车停放制动无法缓解故障、限速及停放制动缓解旁路信息。

（2）能对停放制动缓解旁路列车执行自动扣车。

（3）信号系统将接收的停放制动缓解旁路状态信息反馈给车辆。

2）车辆

（1）能自动执行停放制动缓解旁路，并向信号系统发送限速及旁路信息。

（2）执行“停放制动缓解旁路”，限速 10 km/h，存在列车抱闸运行且客室内散发焦味、异味的可能性。

（3）能在收到信号系统发送的扣车命令后，保持车门打开，能响应站台开关门指令，不响应远程关门指令。

（4）若未收到信号系统发送的停放制动缓解旁路的执行状态反馈信息，列车实施牵引封锁。

3）通信

专用调度电话、LTE 手持台提供通信功能。

（五）气制动无法施加

1. 场景

列车运营时，单个或多个转向架制动故障无法正常施加制动。

2. 处置流程

（1）若 ATS 工作站显示“可保证的紧急制动率（GEBR）不可用”报警，列车施加紧急制动，FAM 调派遣列管员接管列车，切除 ATC 限速驾驶。

（2）若 ATS 工作站显示“制动系统中故障”及车辆限速，且仍能动车，则列车以 FAM 模式运行，FAM调根据实际运行情况及限速组织列车运营。

（3）若ATS工作站显示“列车牵引封锁（多个制动系统故障）”，且无蠕动申请，则FAM调派遣列管员接管列车。

3. 功能分配

1）信号

（1）ATS工作站能显示“可保证的紧急制动率（GEBR）不可用”“制动系统中故障”“列车牵引封锁（多个制动系统故障）”报警信息及车辆限速。

（2）能接收车辆提供的“制动系统重故障”（2个及以上转向架紧急制动或4个及以上常用制动无法施加）硬线输入信号，并将“可保证的紧急制动率（GEBR）不可用”显示在ATS工作站。

（3）能接收车辆提供的“制动系统中故障”（1个转向架紧急制动无法施加）网络输入信号，将“制动系统中故障”显示在ATS工作站，并仍可以FAM模式运行。

2）车辆

（1）能根据制动系统故障情况对列车进行限速。

（2）能向信号系统发送限速信息。

（3）将“制动系统重故障”（2个及以上转向架紧急制动或4个及以上常用制动无法施加）硬线信号提供给信号系统。

（4）将“制动系统中故障”（1个转向架紧急制动无法施加）网络信号提供给信号系统。

（5）能向信号系统发送车辆制动系统严重故障导致的牵引封锁信息。

3）通信

专用调度电话、LTE手持台提供通信功能。

三、牵引逆变器故障

（一）场景

列车运营时，牵引逆变器发生故障，停车后系统自动对故障进行复位，若复位失败，ATS工作站显示报警信息。

（二）处置流程

（1）若列车自动复位失败，进站停稳后，FAM调可在ATS工作站操作“牵引/辅逆远程故障复位”对牵引逆变器进行远程故障复位。

（2）若复位成功，则列车以FAM模式继续运营。

（3）若复位失败，行车调度员根据牵引逆变器故障数量安排列车运营情况，如表2.1所示。

表2.1 牵引逆变器故障处置表

牵引逆变器故障数量	列车运营处置措施
1台牵引逆变器不能工作	可完成当天运营
2台牵引逆变器不能工作	列车限速70 km/h，行驶至终点站后退出服务
3台及以上牵引逆变器不能工作	列车牵引封锁，列管员接管列车

（三）功能分配

1. 信号

（1）ATS 工作站能显示牵引逆变器故障报警信息。

（2）能向车辆下发“牵引/辅逆远程故障复位”指令。

2. 车辆

（1）能自动对牵引故障进行复位。

（2）能向信号系统发送牵引逆变器故障信息。

（3）零速时能执行牵引逆变器远程故障复位。

（4）能根据牵引逆变器故障数量限速运行。

3. 通信

专用调度电话、LTE 手持台提供通信功能。

四、列车车门故障

（一）所有车门无法打开

1. 场景

列车在站台停稳后，自动开门功能失效，列车所有车门无法自动打开，导致无法上下客。

2. 处置流程

（1）ATS 工作站显示所有车门无法打开报警信息，FAM 调派遣站务人员使用站台再开门/关门按钮打开对应侧车门。

（2）若无效，FAM 调派遣列管员处理：

① 降级到人工驾驶模式，按压开门按钮打开相应侧车门。

② 尝试使用“强行开门”及“门零速旁路”旋钮进行旁路，按压开门按钮打开相应侧车门。

③ 若无效，列管员操作紧急解锁并按 FAM 调指令安排清客。

3. 功能分配

1）信号

（1）列车到站时所有车门无法打开，在车站 ATS 工作站显示报警信息。系统自动再执行一次开门命令，若车门仍未打开，在中央与车站 ATS 工作站显示报警信息。

（2）能通过站台再开门/关门按钮打开车门及站台门。

2）车辆

（1）能向信号系统发送车门状态信息。

（2）具备从车内紧急解锁并手动打开车门的功能。

（3）具备远程人工广播功能，显示远程下发的 PIS 信息。

3）综合监控

能调取站台 CCTV。

4）通信

（1）具备对车站远程人工广播、下发 PIS 信息功能。

（2）专用调度电话、LTE 手持台应提供通信功能。

（3）能调取站台 CCTV。

5）站台门

（1）单道滑动门具备手动解锁功能。

（2）能根据信号指令联动打开站台门。

（3）每侧站台第 1、2 道滑动门之间和第 23、24 道滑动门之间设置应急门。

（二）所有车门无法关闭

1. 场景

列车在站台停稳后，自动关门功能失效，列车所有车门无法自动关闭，导致无法动车。

2. 处置流程

（1）ATS 工作站显示所有车门无法关闭报警信息，FAM 调派遣站务人员使用站台再开门/关门按钮关闭对应侧车门。

（2）若无效，FAM 调派遣列管员处理：

① 降级到人工驾驶模式，按压关门按钮关闭相应侧车门。

② 若无效，FAM 调视情况安排清客。

（3）若列管员处置后车门仍无法关闭，可操作“门关好旁路”旋钮进行动车。

3. 功能分配

1）信号

（1）能通过站台再开门/关门按钮关闭车门及站台门。

（2）列车到站时所有车门无法关闭，在车站 ATS 工作站显示报警信息；系统自动再执行一次关门命令，若车门仍未关闭，在中央与车站 ATS 工作站显示报警信息。

2）车辆

（1）能向信号系统发送车门状态信息。

（2）具备人工驾驶模式下，手动关闭车门的功能。

（3）具备远程人工广播功能，显示远程下发的 PIS 信息。

3）综合监控

能调取站台 CCTV。

4）通信

（1）具备对车站远程人工广播、下发 PIS 信息功能。

（2）专用调度电话、LTE 手持台应提供通信功能。

（3）能调取站台 CCTV。

5）站台门

（1）单道滑动门具备手动解锁功能。

（2）能根据信号指令联动关闭站台门。

（3）每侧站台第 1、2 道滑动门之间和第 23、24 道滑动门之间设置应急门。

（三）列车在站台区域车门关闭且锁闭状态丢失

1. 场景

列车在站台上下客完毕，因车门故障或车门关闭监控回路故障导致车门关闭且锁闭状态丢失，列车无法动车。列车根据各车门状态判断故障情况，自动隔离故障车门，并上报 ATS 工作站隔离结果。

2. 处置流程

（1）车门自动隔离成功则以 FAM 模式继续运营。

（2）若车门自动隔离失败，FAM 调进行远程隔离，若无效则派遣列管员或站务人员处置：

① 手动隔离故障车门后尝试动车仍无效，则安排清客。

② 清客后人工操作“门关好旁路”旋钮尝试动车退出服务。

3. 功能分配

1）信号

（1）能在操作“门关好旁路”旋钮后对人工驾驶模式的列车提供 ATP 保护。

（2）能通过站台再开门/关门按钮打开车门及站台门。

（3）ATS 工作站能显示对车门进行隔离。

（4）能向站台门系统发送被隔离车门的信息。

（5）信号系统能将接收的车门自动隔离状态信息反馈给车辆。

（6）ATS 工作站具备对车门远程隔离功能（除 Tc 车 1 号、2 号门）。

2）车辆

（1）能向信号系统发送车门关闭且锁闭状态及故障信息。

（2）具备列车车门关闭且锁闭旁路功能。

（3）具备车门处于关闭情况下的自动隔离功能（除 Tc 车 1 号、2 号门），并能向信号系统发送车门自动隔离状态信息。

（4）车载 CCTV 实时视频能被调取。

（5）车门关闭时能响应远程隔离指令。

3）综合监控

中央 ISCS 工作站能调取车载 CCTV 实时视频。

4）通信

（1）专用调度电话、LTE 手持台提供通信功能。

（2）具备调取车载 CCTV 功能。

（四）列车在运行过程中车门关闭且锁闭状态丢失

1. 场景

列车在运行过程中，因车门故障或关闭监控回路故障导致车门关闭且锁闭状态丢失，列车施加紧急制动并向控制中心报警。列车根据各车门状态判断故障情况，自动隔离故障车门，并上报 ATS 工作站隔离结果。

2. 处置流程

（1）车门自动隔离成功则以 FAM 模式继续运营。

（2）若车门自动隔离失败，FAM 调进行远程隔离，若无效则派遣列管员处置：

① 手动切除故障车门后尝试动车。

② 若无效，人工操作“门关好旁路”旋钮，列车运行到站台清客并退出服务。

3. 功能分配

1）信号

（1）能在操作“门关好旁路”旋钮后对人工驾驶模式的列车提供 ATP 保护。

（2）ATS 工作站能显示车门关闭且锁闭状态信息。

（3）车门关闭且锁闭状态丢失时施加紧急制动。

（4）ATS 工作站具备对车门远程隔离功能（除 Tc 车 1 号、2 号门）。

（5）能向站台门系统发送被隔离车门的信息。

（6）信号系统能将接收的车门自动隔离状态信息反馈给车辆。

2）车辆

（1）能向信号系统发送车门关闭且锁闭状态及故障信息。

（2）具备车门处于关闭情况下的自动隔离功能（除 Tc 车 1 号、2 号门），并将车门自动隔离状态信息发生给信号系统。

（3）具备列车车门关闭且锁闭旁路功能。

（4）车门关闭且锁闭状态丢失时应施加紧急制动。

（5）车载 CCTV 实时视频能被调取。

（6）车门关闭时能响应远程隔离指令。

3）综合监控

中央 ISCS 工作站能调取车载 CCTV 实时视频。

4）通信

（1）专用调度电话、LTE 手持台应提供通信功能。

（2）具备调取车载 CCTV 功能。

（五）一扇或多扇车门故障

1. 场景

当列车车门发生故障，ATS 工作站显示报警信息，列车在站台自动扣车。

2. 处置流程

（1）若车门无法打开，FAM 调执行远程车门隔离，若无效，派遣列管员或站务人员进行故障车门隔离。

（2）若车门无法关闭，FAM 调派遣列管员或站务人员手动关闭并隔离该车门。

（3）若车门无法手动关闭，按“列车在站台区域车门关闭且锁闭状态丢失”执行。

3. 功能分配

1）信号

（1）ATS 工作站能显示车门故障信息。

（2）能对车门故障的列车执行下一站自动扣车。

（3）ATS 工作站具备车门远程隔离功能。

（4）能向站台门系统发送被隔离车门的信息。

2）车辆

（1）能向信号系统发送车门故障及隔离信息。

（2）能在收到信号系统发送的扣车命令后，保持车门打开，能响应站台开关门指令，不响应远程关门指令。

（3）车门关闭时能响应远程隔离指令。

（4）能对被隔离的车门进行提示。

（5）车载 CCTV 实时视频能被调取。

3）综合监控

中央 ISCS 工作站能推送故障车门区域的车载 CCTV。

4）通信

（1）具备调取车载 CCTV 功能。

（2）专用调度电话、LTE 手持台应提供通信功能。

5）站台门

（1）单道滑动门具备手动解锁功能。

（2）具备车门故障对位隔离功能，不开启故障车门对应的站台门。

（3）收到信号系统发送的车门隔离报警，联动对应站台门状态指示灯。

（4）能向 ISCS 系统发送被隔离车门的信息。

（六）列车车门防夹报警

1. 场景

车门触发障碍物检测不能关闭，ATS 工作站显示车门防夹报警信息，中央 ISCS 工作站推送对应车门 CCTV。

2. 处置流程

（1）站务人员现场确认后操作站台再开关门按钮尝试关闭车门。

（2）若仍无法关闭，FAM 调通知列管员或站务人员手动关闭并隔离车门。

（3）车门隔离后仍无法动车，FAM 调安排列车清客退出服务。

3. 功能分配

1）信号

（1）ATS 工作站能显示关门时的车门防夹报警。

（2）将车门防夹报警信息发送给站台门和 ISCS 系统。

2）车辆

（1）车门触发防夹将尝试关门 3 次，若无法关闭则保持完全打开。

（2）将车门防夹报警信息发送至信号系统。
（3）车载 CCTV 实时视频能被调取。
3）综合监控
（1）中央 ISCS 工作站能推送车门防夹报警对应区域的车载 CCTV。
（2）中央 ISCS 工作站能显示车门防夹状态信息。
4）通信
（1）站台区域 CCTV 能被调取。
（2）具备调取车载 CCTV 功能。
（3）专用调度电话、LTE 手持台提供通信功能。
5）站台门
（1）具备手动解锁功能。
（2）收到信号系统发送的车门防夹报警，联动对应站台门状态指示灯。
（3）将收到的车门防夹报警信息发送至综合监控。

五、列车空调/通风故障

（一）场景

列车运营时空调系统发生故障，当故障超过规定（单节车厢 2 个或整列车 4 个及以上）数量时，ATS 工作站显示报警信息。

（二）处置流程

ATS 工作站显示报警信息后，FAM 调组织列车运行至终点站退出服务。

（三）功能分配

1）信号
ATS 工作站显示空调故障报警信息。
2）车辆
当空调故障超过规定数量时，能向信号系统发送故障信息。

六、列车客室广播失效

（一）场景

列车运营时，客室广播故障，ATS 工作站显示报警信息。

（二）处置流程

（1）ATS 工作站显示客室广播故障信息，FAM 调派遣列管员分合“ACSU”微型断路器。
（2）若复位无效，FAM 调通知列管员接管列车，进行人工广播并设置半自动报站，列管员驾驶列车运行至终点站退出服务。
（3）若所有扬声器无声音或半自动广播失效，FAM 调通知后续车站做好站台广播，列管员驾驶列车运行至终点站退出服务。

（三）功能分配

1. 信号

ATS 工作站能显示客室广播故障信息。

2. 车辆

（1）能向信号系统发送客室广播故障信息。

（2）具备远程人工广播功能，显示远程下发的 PIS 信息。

3. 通信

专用调度电话、LTE 手持台提供通信功能。

七、列车申请蠕动模式

（一）场景

（1）车载 CC 与车辆 TCMS 网络通信中断，列车触发紧急制动，车载 CC 向 ATS 申请进入蠕动模式，ATS 工作站弹框提示。

（2）车辆 TCMS 与制动系统网络中断，列车向车载 CC 申请进入蠕动模式，ATS 工作站弹框提示。

（3）列车到站后，由列管员接管列车。

（二）处置流程

（1）FAM 调通过 ATS 工作站授权故障列车以蠕动模式运行进站。

（2）FAM 调派遣列管员接管列车，以 ATPM 模式退出服务。

（三）功能分配

1. 信号

（1）ATS 工作站能显示蠕动模式申请。

（2）能通过 ATS 工作站授权列车进入蠕动模式。

（3）蠕动模式下能控制列车牵引和制动。

（4）蠕动模式下能对列车进行 ATP 防护，限速 45 km/h。

（5）蠕动模式下列车到站后，能对列车执行自动扣车。

（6）当收到车辆通过硬线方式发送的车辆制动重故障信息，则不申请进入蠕动模式。

2. 车辆

（1）能执行人工驾驶模式和蠕动模式。

（2）具备远程人工广播功能，显示远程下发的 PIS 信息。

（3）能在收到信号系统发送的扣车命令后，保持车门打开，能响应站台开关门指令，不响应远程关门指令。

3. 通信

（1）具备对列车远程人工广播功能。
（2）具备对车站远程人工广播、下发 PIS 信息功能。
（3）专用调度电话、LTE 手持台应提供通信功能。

八、火灾报警系统故障

（一）场景

列车出现火灾报警系统故障，自动对主机进行复位。若复位失败，则 ATS 工作站显示故障报警信息。

（二）处置流程

（1）若列车自动复位失败，FAM 调可远程复位火灾报警系统。
（2）若远程复位失败，FAM 调组织列车在终点站转为备用。

（三）功能分配

1. 信号

（1）ATS 工作站能显示列车火灾报警系统故障。
（2）ATS 工作站具备列车火灾报警故障远程复位功能。

2. 车辆

（1）能向信号系统发送火灾报警系统故障信息。
（2）具备火灾报警系统故障自动复位功能。
（3）能执行火灾报警系统故障远程复位。

3. 综合监控

具备推送车载 CCTV 功能。

4. 通信

（1）专用调度电话、LTE 手持台提供通信功能。
（2）具备调取车载 CCTV 功能。

九、辅助逆变器故障（AC 380 V 供电）

（一）场景

列车运营时，辅助逆变器发生故障，列车自动对其进行复位。若复位失败则 ATS 工作站显示故障报警。

（二）处置流程

（1）若列车自动复位失败，待列车进站停稳后，FAM 调可在 ATS 工作站操作“牵引/辅逆远程故障复位”对辅助逆变器进行故障复位。

（2）若复位成功，则列车以 FAM 模式继续运营。

（3）若复位失败，行车调度员根据辅助逆变器故障数量安排列车运营情况，如表 2.2 所示。

表 2.2　辅助逆变器故障处置表

辅助逆变器故障数量	列车运营处置措施
1 台辅助逆变器不能工作	可完成当天运营
2 台辅助逆变器不能工作	列车行驶至终点站后退出服务
3 台辅助逆变器不能工作	列车行驶至下一站后清客并退出服务
4 台辅助逆变器不能工作	列管员处置或申请救援

（三）功能分配

1. 信号

（1）ATS 工作站能显示辅助逆变器故障信息。

（2）能向车辆发送“牵引/辅逆远程故障复位”指令。

（3）能对 3 台辅助逆变器故障的列车执行下一站自动扣车。

2. 车辆

（1）能向信号系统发送辅助逆变器故障及故障数量信息。

（2）零速时能执行“牵引/辅逆远程故障复位”指令。

（3）具备辅助逆变器故障自动复位功能。

（4）2 台辅助逆变器故障，列车空调压缩机能执行减载。

（5）3 台辅助逆变器故障，列车空调能执行通风。

（6）4 台辅助逆变器故障，列车空调能执行紧急通风且车辆执行零速牵引封锁。

（7）能在收到信号系统发送的扣车命令后，保持车门打开，能响应站台开关门指令，不响应远程关门指令。

3. 通信

专用调度电话、LTE 手持台提供通信功能。

十、蓄电池充电机故障

（一）场景

蓄电池充电机发生故障，列车自动对其进行复位，若复位失败则 ATS 工作站显示故障报警信息。

（二）处置流程

（1）若列车自动复位失败，待列车进站停稳后，FAM 调可在 ATS 工作站操作“牵引/辅逆远程故障复位”对充电机进行故障复位。

（2）若复位成功，则列车以 FAM 模式继续运营。

（3）若复位失败，FAM 调根据故障数量安排列车运营情况，如表 2.3 所示。

表 2.3　蓄电池充电机故障处置表

蓄电池充电机故障数量	列车运营处置措施
1 台直流电源不能工作	完成当天运营
2 台直流电源不能工作	列车行驶至终点站后退出服务
3 台及以上直流电源不能工作	列车行驶至下一站清客后，就近存车线退出服务

（三）功能分配

1. 信号

（1）ATS 工作站能显示蓄电池充电机故障。

（2）能向车辆发送“远程故障复位”命令。

（3）能对 3 台及以上充电机故障的列车执行下一站自动扣车。

2. 车辆

（1）能向信号系统发送蓄电池充电机故障及故障数量信息。

（2）零速时能执行“远程故障复位”指令。

（3）具备辅助逆变器故障自动复位功能。

（4）3 台及以上充电机故障列车将执行顺次开门。

（5）能在收到信号系统发送的扣车命令后，保持车门打开，能响应站台开关门指令，不响应远程关门指令。

（6）3 台及以上蓄电池充电机故障，列车执行紧急照明，关闭 PIS、LCD 屏、弓网监测系统等。

3. 通信

专用调度电话、LTE 手持台提供通信功能。

十一、蓄电池欠压预警

（一）场景

列车停在自动化区域并处在休眠状态下，蓄电池电压低于 90 V 时，ATS 工作站显示列车欠压预警信息。

（二）处置流程

（1）调度通过 ATS 工作站，远程唤醒列车，列车自动升弓对蓄电池充电。

（2）蓄电池充电完成后，列车将“蓄电池充电完成”信号发送至信号系统。

（3）ATS 工作站显示“蓄电池充电完成”信息。

（三）功能分配

1. 信号

（1）ATS 工作站能显示蓄电池欠压预警及蓄电池充电完成信息。

（2）能远程唤醒、休眠列车。

2. 车辆

（1）能向信号系统发送蓄电池欠压预警及蓄电池充电完成信息。

（2）能被远程唤醒、休眠。

（3）蓄电池电压低于 84 V 会导致车辆无法唤醒。

3. 通信

专用调度电话、LTE 手持台提供通信功能。

十二、专用通信故障（LTE 和数字集群）

（一）车载 LTE 单端设备故障

1. 场景

（1）车载 LTE 通信设备单端故障，中央 ISCS 工作站显示报警信息。

（2）如传输信号的车载 TAU1（承载信号业务）单端故障后，车载 CC 与 ZC、ATS 的通信由 AB 双网承载降级为单网承载。

（3）如承载乘客紧急对讲的 TAU2（承载紧急对讲业务）单端故障后，乘客紧急对讲功能由双通道主备转为仅有单通道承载。

2. 处置流程

（1）专业人员收到报警信息后，向 FAM 调申请列车转备用处理。

（2）FAM 调根据处理结果决定列车是否投入运营。

3. 功能分配

通信：

（1）车载 CC 与 ZC、ATS 的通信由 AB 双网承载，单网故障不影响功能。

（2）乘客紧急对讲功能具备双通道，单通道故障不影响功能。

（3）TAU 天线状态信息发送至中央网管工作站。

（二）车载 LTE 双端设备故障

1. 场景

车载 LTE 通信设备 TAU1 和 TAU2 双端故障，车载 CC 与 ATS、ZC 通信中断，远程乘客紧急对讲功能和通过 IPH 的远程广播功能不可用， ATS 工作站显示车载 CC 通信中断的报警信息，列车触发紧急制动。

2. 处置流程

（1）FAM 调派遣列管员接管列车，可通过无线调度台远程广播告知乘客。

（2）列管员接管列车后，根据 FAM 调指令降级运行至终点站，退出服务。

3. 功能分配

1）信号

ATS 工作站能显示车载 CC 通信中断报警信息。

2）通信

（1）车载 CC 与 ZC、ATS 的通信由 AB 双网承载。

（2）乘客紧急对讲功能具备双通道。

（3）TAU 离线状态信息发送至网管工作站。

（三）单核心网故障

1. 场景

（1）A 网核心网故障时，列车无线调度台、无线车载台、无线固定台、无线手持台、列车远程广播与远程乘客紧急对讲功能不可用，中央 ISCS 工作站显示弹窗报警信息。

（2）B 网核心网故障时，集群业务与信号业务不受影响，MSS 维护工作站显示报警信息。

2. 处置流程

（1）如 B 网核心网故障，专业维修人员抢修设备。

（2）如 A 网核心网故障，按“专用无线集群调度故障”执行。

3. 功能分配

1）信号

MSS 维护工作站能显示单核心网故障信息。

2）综合监控

A 网核心网故障时，中央 ISCS 工作站弹窗报警。

3）通信

（1）核心网为双系冗余配置，单系故障不影响网络功能。

（2）B 网核心网故障不影响集群业务与信号业务。

（3）手持台具备双模功能，当无线集群调度设备故障时，手持台具备自动切换至无线公网通信的功能。

（4）能在无线网管工作站显示故障报警信息。

（四）双核心网故障

1. 场景

AB 网双核心网故障，全线列车产生紧急制动，ATS 工作站弹窗报警，ATS 维护工作站、中央 ISCS 工作站显示报警信息；车载 CC 与 ATS、ZC 通信中断，列车无线调度台、无线车载台、无线固定台、无线手持台、列车远程广播与远程乘客紧急对讲功能不可用。

2. 处置流程

（1）FAM 调派遣列管员接管列车。

（2）列管员接管列车后，使用无线手持台与 FAM 调联系，并根据 FAM 调指令以降级模式运行。

3. 功能分配

1）信号

当双核心网故障时，ATS 工作站显示车地通信中断报警信息。

2）综合监控

双核心网故障时，中央 ISCS 工作站显示报警信息。

3）通信

（1）核心网为双系冗余配置，单系故障不影响网络功能。

（2）手持台具备双模功能，当无线集群调度设备故障时，手持台具备自动切换至无线公网通信的功能。

（3）能在无线网管工作站显示故障报警信息。

十三、被动式障碍物检测系统故障

（一）场景

被动式障碍物检测系统故障，列车限速 45 km/h 运行到站后自动扣车，ATS 工作站显示故障报警信息。

（二）处置流程

列车运行到站后，FAM 调派遣列管员接管列车，以 ATO/ATPM 模式动车，到终点站视情况退出服务。

（三）功能分配

1. 信号

（1）ATS 工作站能显示被动式障碍物检测系统故障信息。

（2）能对被动式障碍物检测系统故障的列车执行自动扣车。

2. 车辆

（1）能向信号系统发送被动式障碍物检测系统故障信息。

（2）能在收到信号系统发送的扣车命令后，在站台保持车门打开，能响应站台开关门指令，不响应远程关门指令。

（3）FAM 模式下被动式障碍物检测系统故障车辆自动限速 45 km/h。

3. 通信

专用调度电话、LTE 手持台提供通信功能。

十四、障碍物检测报警

（一）场景

（1）被动式障碍物检测报警：列车与障碍物碰撞，若障碍物检测装置被触发，列车施加紧急制动，ATS 工作站显示报警信息。

（2）主动式障碍物检测报警：主动检测列车前方轨行区内的障碍物，ATS 工作站显示报警信息。

（二）处置流程

（1）被动式障碍物检测：若障碍物检测装置被触发，立即触发紧急制动。ATS 工作站显示报警并联动车载广播播放预录广播，同时 ISCS 系统推送列车 CCTV 至 OCC。若存在障碍物，列管员清除障碍物并确认无异常，人工复位障碍物检测设备，列车具备全自动运行条件后，自动发车；若无障碍物，FAM 调安排列管员人工接管列车，激活被动式障碍物检测设备旁路开关，以 ATO/ATPM 模式动车，到终点站视情况退出服务。

（2）主动式障碍物检测：如主动式障碍物检测装置检测到列车前方有障碍物，ATS 工作站显示报警信息，FAM 调视情况处置。

（三）功能分配

1. 信号

（1）被动式障碍物检测设备检测到障碍物后，能触发紧急制动，并联动车载广播播放预录广播和车载 PIS 显示。

（2）ATS 工作站显示障碍物检测报警信息。

2. 车辆

（1）列车 CCTV 实时视频能被调取。

（2）被动式障碍物检测设备检测到障碍物后，能触发紧急制动。

（3）具备被动式障碍物检测旁路功能。

（4）被动式障碍物检测设备设置复位开关。

（5）能向信号系统发送障碍物检测报警信息。

（6）能根据信号系统的触发信号播放预录广播和车载 PIS 显示。

3. 综合监控

被动式障碍物检测设备激活后，自动推送列车 CCTV 至中央 ISCS 工作站。

4. 通信

被动式障碍物检测设备激活后，地面 CCTV 具备调取列车车头实时视频的功能。

十五、脱轨检测功能失效

（一）场景

脱轨检测功能失效，列车限速 45 km/h 运行到站后自动扣车，ATS 工作站显示报警信息。

（二）处置流程

列车运行到站后，FAM 调派遣列管员接管列车，以 ATO/ATPM 模式动车，到终点站视情况退出服务。

（三）功能分配

1. 信号

（1）ATS 工作站能显示脱轨检测功能失效信息。

（2）能对脱轨检测功能失效的列车执行自动扣车。

2. 车辆

（1）能向信号系统发送脱轨检测功能失效信息。

（2）能在收到信号系统发送的扣车命令后，在站台保持车门打开，能响应站台开关门指令，不响应远程关门指令。

（3）FAM 模式下脱轨检测功能失效车辆自动限速 45 km/h。

3. 通信

专用调度电话、LTE 手持台提供通信功能。

十六、车载 CC 设备故障

（一）场景

列车运营时，车载 CC 发生故障，列车产生 ATC 紧急制动，系统尝试自动重启，ATS 工作站显示报警信息。

（二）处置流程

（1）若车载 CC 自动重启失败，FAM 调可在 ATS 工作站对车载 CC 进行远程重启。

（2）若重启成功，则经 FAM 调确认后列车以 FRM 模式运行，重新获得定位后自动恢复 FAM 模式。

（3）若远程重启失败，FAM 调派遣列管员接管列车，就近站台清客退出服务。

（三）功能分配

1. 信号

（1）具备远程/自动重启车载 CC 的功能。

（2）ATS 工作站能显示车载 CC 故障报警信息。

2. 通信

专用调度电话、LTE 手持台提供通信功能。

十七、列车关键断路器断开故障

（一）场景

列车运营时，列车牵引、辅助、制动等系统关键微型断路器断开，列车自动复位，若复位失败，ATS 工作站显示故障报警信息。

（二）处置流程

（1）若列车自动复位失败，FAM 调可操作远程复位。

（2）若复位成功，列车继续以 FAM 模式运营。

（3）若远程复位失败，但不影响列车运行，列车继续以 FAM 模式运行，OCC 行调组织列车运行至终点站退出服务。

（4）若远程复位失败，且影响列车运行，FAM 调派遣列管员处置或申请救援。

（三）功能分配

1. 信号

（1）ATS 工作站能显示关键微型断路器断开/闭合状态信息。

（2）能在车辆零速下，向车辆发送关键微型断路器远程复位命令。

2. 车辆

（1）能向信号系统发送关键微型断路器断开/闭合状态信息。

（2）零速时能执行关键微型断路器远程复位命令。

（3）具备零速时关键微型断路器自动复位功能。

（4）自复位关键微型断路器断开后，复位 3 次后（列车自动复位 2 次，FAM 调远程复位 1 次），列车不再响应后续断路器复位命令。

十八、司机台盖板打开

（一）场景

司机台盖板打开，ATS 工作站显示报警信息，中央 ISCS 工作站推送对应区域的车载 CCTV，列车继续以 FAM 模式运行。

（二）处置流程

FAM 调派遣列管员处置，恢复司机台盖板，若无法恢复，运行至终点站退出服务。

（三）功能分配

1. 信号

（1）ATS 工作站能显示司机台盖板打开报警信息。

（2）当驾驶台盖板打开时，开启 DMI 显示和蜂鸣器；当驾驶台盖板关闭时，关闭 DMI 显示和蜂鸣器。

2. 车辆

（1）能向信号系统发送司机台盖板打开报警信息。

（2）车载 CCTV 实时视频能被调取。

3. 综合监控

中央 ISCS 工作站能推送打开的司机台盖板位置对应的车载 CCTV。

4. 通信

（1）具备调取车载 CCTV 功能。

（2）专用调度电话、LTE 手持台提供通信功能。

十九、列车紧急制动

（一）场景

列车发生紧急制动，ATS 工作站显示报警信息。

（二）处置流程

（1）FAM 调确认列车紧急制动原因，扣停后方列车。

（2）OCC 维调通知相关专业。

（3）若是 FAM 调远程施加的紧急制动，可通过 ATS 工作站远程缓解。

（4）如紧急制动已自动缓解，列车以 FAM 模式继续运行；如紧急制动无法缓解，FAM 调派遣列管员接管列车。

（三）功能分配

1. 信号

（1）紧急制动施加和缓解按照附录中的《紧急制动和全常用制动处置表》进行处理。

（2）ATS 工作站能显示紧急制动报警及紧急制动的原因。

（3）具备对指定列车发送/取消紧急制动指令功能。

（4）列车紧急制动缓解，具备动车条件后，能继续以 FAM 模式运行。

（5）仅在 FAM/CAM 模式下响应远程紧急制动指令。

2. 车辆

（1）车辆系统施加紧急制动后，将紧急制动报警及原因发送至信号系统。

（2）具备执行远程人工广播功能，显示远程下发的 PIS 信息。

3. 综合监控

具备对列车远程人工广播、下发 PIS 信息功能。

4. 通信

具备对列车远程人工广播功能。

二十、列车阻塞

（一）场景

列车因故迫停区间，停车超过 210 s 后，ATS 与 ISCS 工作站显示阻塞报警信息。

（二）处置流程

OCC 环调确认阻塞信息，如需开启隧道通风，通过中央 ISCS 工作站启动相应通风模式。

（三）功能分配

1. 信号

（1）列车停车超过 210 s 后，ATS 工作站显示列车阻塞报警信息。

（2）如超过 2 列车停在区间，则 ATS 系统对后方站台自动扣车，阻止后方列车进入区间。列车的行车条件满足后，列车将自动发车。

（3）列车区间临时停车时能立即向车辆发送临时停车信号。

（4）当列车阻塞后，向 ISCS 系统发送阻塞信息。

2. 车辆

（1）列车能根据信号系统给出的信息自动触发预录广播与车载 PIS 显示。

（2）具备执行远程人工广播功能，显示远程下发的 PIS 信息。

3. 综合监控

（1）接收信号发送的阻塞信息，联动 BAS 系统开启对应通风模式。

（2）具备对列车远程人工广播、下发 PIS 信息功能。

4. 通信

具备对列车远程人工广播功能。

二十一、列车超速

（一）场景

（1）FAM 模式列车超速时，ATC 施加紧急制动，ATS 工作站显示报警信息。

（2）列车停车后，自动缓解紧急制动，并可以 FAM 模式继续运行。

（二）处置流程

（1）如单列车多次超速，FAM 调派遣列管员接管列车，以人工驾驶方式运行至终点站退出服务。

（2）如多列车在同一位置超速，OCC 维调安排专业人员巡查；FAM 调可对该区段设置临时限速或组织经过该区段的列车转人工驾驶。

（三）功能分配

信号：

（1）列车超速后，能立即触发 ATC 紧急制动，且停车后能自动缓解。

（2）ATS 工作站能显示列车超速报警信息。

二十二、列车后溜

（一）场景

（1）列车后溜超过车载 CC 允许的限制（0.5 m），施加 ATC 紧急制动，ATS 工作站显示报警信息。

（2）列车停车后，自动缓解紧急制动，并可以 FAM 模式继续运行。

（二）处置流程

（1）如单列车多次后溜，FAM 调需派遣列管员接管列车人工驾驶；如后溜情况未缓解，可安排列车清客后切除 ATC 退出服务。

（2）如多列车在同一地点发生后溜，FAM 调可组织经过该区段的列车转人工驾驶，OCC 维调安排专业人员巡查。

（三）功能分配

1. 信号

（1）后溜距离超过 0.5 m 时能施加紧急制动，且停车后能自动缓解。

（2）ATS 工作站能显示列车后溜报警信息。

2. 车辆

车辆保持制动施加后，确保列车在线路最大坡道上不发生溜车。

二十三、列车完整性丢失

（一）场景

列车完整性丢失，触发紧急制动，ATS 工作站显示报警信息。

（二）处置流程

（1）FAM 调派遣列管员确认列车完整性。

（2）列管员操作“ATP 切除”和“车钩监视旁路”旋钮并驾驶列车运行到下一站退出运营；若无效，则申请救援。

（三）功能分配

1. 信号

（1）列车完整性丢失时能施加 ATC 紧急制动。

（2）ATS 工作站能显示因列车完整性丢失导致紧急制动施加的报警信息。

2. 车辆

（1）能通过硬线向信号系统发送列车完整性信息。

（2）能向信号系统发送因列车完整性丢失导致紧急制动施加的报警信息。

3. 通信

专用调度电话、LTE 手持台提供通信功能。

二十四、列车停站不准

（一）场景

（1）当列车欠标超过 5 m 时，ATS 工作站显示报警信息，车载 CC 继续控制列车运行至对位停车。

（2）当列车欠标或过标未超过 5 m 时，ATS 工作站显示报警信息，列车以跳跃方式自动对标，ATS 工作站显示列车处于跳跃状态；如列车跳跃超过 3 次后仍无法停准，列车施加 ATC 紧急制动并向 ATS 工作站报警。

（3）当列车过标超过 5 m 时，不允许向后跳跃进行对位调整，ATS 工作站显示过标超限报警。

（二）处置流程

（1）如列车跳跃失败或过标超过 5 m，经 FAM 调人工确认后列车可直接运行到下一站或安排列管员处置。

（2）如列车以 CAM 模式进站且停站不准，FAM 调安排列管员处置。

（3）列管员手动驾驶列车重新对标：

① 如列车欠标 5 m 内，列管员以 ATPM 模式重新对标。

② 如列车超标 5 m 内，列管员以 ATPM 模式或 RM 模式退行对标。

③ 如列车超标 5 m 以上，列管员切除 ATC，以 URM 模式退行对标。

（4）如单列车多次发生停站不准，FAM 调派遣列管员接管列车，终点站退出服务；如多列车在同一站台多次发生停站不准，OCC 维调安排专业人员巡查，FAM 调可安排该区段列车改为人工驾驶。

（三）功能分配

1. 信号

（1）列车未准确停车时，不授权开门。

（2）具备列车欠标和过标自动对位功能。

（3）列车欠标、过标或自动跳跃失败时，ATS 工作站能显示报警信息。

（4）ATS 工作站能显示列车停稳、到站未停准状态以及车门、站台门状态。

（5）列车跳跃失败或冲标 5 m 时，信号系统在人工确认后具备对列车执行本站跳停，并自动触发车载 PA 的功能。

（6）列车区间临时停车时，信号系统能立即向车辆发送临时停车信号。

2. 车辆

列车能根据信号系统给出的信息自动触发预录广播与车载 PIS 显示。

3. 通信

能根据信号系统的触发信息显示对应的地面 PIS 信息。

4. 站台门

每侧站台第 1、2 道滑动门之间和第 23、24 道滑动门之间设置应急门，当列车对位不准时，可以通过打开站台门应急门和其对应的车门，使列管员或乘客上下车。

二十五、雨雪模式

（一）场景

（1）轨道表面与车轮踏面黏着系数下降，列车发生打滑后，易出现停站欠标、冲标现象，严重时可能导致列车定位丢失从而施加紧急制动。

（2）信号系统判断满足雨雪模式触发条件后，在 ATS 工作站提示实施雨雪模式。

（3）如 FAM 调设置雨雪模式，对应区域内列车运行时限制最大牵引和最大制动的输出。

（二）处置流程

（1）FAM 调收到 ATS 工作站打滑报警信息后，可组织列管员手动驾驶列车，OCC 维调安排专业维修人员巡查；如确认轨面湿滑，FAM 调设置临时限速，OCC 环调开启隧道通风。

（2）如列车失去定位产生紧急制动，但具备 FRM 模式运行条件，由 FAM 调确认后列车以 FRM 模式进站并自动恢复 FAM 模式。

（3）ATS 工作站提示设置雨雪模式后，FAM 调根据实际运营情况确认是否设置雨雪模式。

（三）功能分配

信号：

（1）ATS 工作站能显示列车打滑报警信息。

（2）ATS 判断满足雨雪模式触发条件，在 ATS 工作站提示 FAM 调实施雨雪模式。

（3）某区域设置为雨雪模式后，列车在该区域停顿后执行，信号系统将控制列车在此区域运行时降低牵引力和制动力。

（4）在 ATS 上可分区域或者对全线范围设置/取消雨雪模式。

第六节　地面通信系统故障

一、地面 CCTV 故障

（一）场景

当主用与备用控制中心地面 CCTV 与 ISCS 接口均故障时，ISCS 自动推送 CCTV 功能、ISCS 调用 CCTV 功能不可用；当地面 CCTV 系统故障时，CCTV 图像无法被调用。

（二）处置流程

FAM 调及站务人员可使用 CCTV 监视终端进行调取；OCC 维调尽快安排专业维修设备。

（三）功能分配

1. 综合监控

（1）中央与车站 ISCS 工作站能显示地面 CCTV 接口故障报警信息。

（2）中央与车站 ISCS 工作站能显示 CCTV 故障报警信息。

2. 通信

中央与车站配置 CCTV 监视终端。

二、地面 PIS 故障

（一）场景

当主用与备用控制中心 PIS 系统均故障时，全线 LCD 屏无法显示列车到站信息及 ISCS 工作站发布的文本信息；FAM 调无法向列车发布紧急文本及调用车载视频图像；车辆智能运维信息无法上传。

（二）处置流程

FAM 调或站务人员可通过人工广播播报信息；OCC 维调尽快安排专业维修设备。

（三）功能分配

1. 信号

中央 ATS 工作站、维护工作站显示地面 PIS 与 ATS 接口故障报警信息。

2. 综合监控

中央 ISCS 工作站显示地面 PIS 故障报警信息。

3. 通信

（1）能对车站进行人工广播。

（2）集中告警显示地面 PIS 故障报警信息。

三、专用无线集群调度故障

（一）场景

当控制中心专用无线集群调度故障时，无线调度台、无线车载台、无线固定台、手持台不可用；列车远程广播功能不可用；列车乘客紧急对讲功能不可用。

（二）处置流程

站务人员、列管员可与 FAM 调保持有线通信或无线公网通信；OCC 维调尽快安排专业维修设备；FAM 调派遣列管员站台登车，以 ATO 模式驾驶列车。

（三）功能分配

1. 综合监控

中央 ISCS 工作站能显示专用无线集群调度设备的报警信息。

2. 通信

（1）能在中央无线调度台上显示专用无线集群调度故障信息。

（2）能在无线网管工作站显示故障报警信息。

（3）当无线集群调度设备故障时，手持台具备双模自动切换至无线公网通信的功能，列管员可与 FAM 调保持无线公网通信。

四、PA 故障

（一）场景

当控制中心 PA 故障时，全线车站的列车到站自动广播功能不可用。

（二）处置流程

站务人员通过车站 ISCS 工作站进行人工广播；如 ISCS 工作站无法人工广播，站务人员通过后备广播控制盒进行人工广播；如后备广播控制盒无法进行广播，站务人员通过应急直通广播进行人工广播。

（三）功能分配

1. 信号

当 ATS 与 PA 接口故障，中央 ATS 工作站、ATS 维护工作站显示故障报警信息。

2. 综合监控

（1）中央与车站 ISCS 工作站具备人工广播功能。

（2）中央 ISCS 工作站能显示 PA 与 ISCS 接口故障报警信息。

3. 通信

（1）车站广播系统配置后备广播控制盒。

（2）PA 故障时，中央 PA 网管工作站显示故障报警信息。

（3）车站广播系统配置应急直通广播功能。

第七节　车站设备 ISCS 系统故障

一、车站 ISCS 服务器故障

（一）场景

车站 ISCS 服务器故障，站务人员无法通过 ISCS 工作站监控设备，车站相关子系统联动功能不可用，中央 ISCS 工作站显示故障报警信息。

（二）处置流程

车站人员报 OCC 维调；OCC 维调尽快安排专业维修设备；OCC 电调、环调协助站务人员通过中央 ISCS 工作站监控故障车站设备。

（三）功能分配

综合监控：

（1）具备控制中心、车站二级控制功能。

（2）车站服务器冗余配置，单台设备故障不影响系统运行。

（3）中央 ISCS 工作站显示服务器故障报警信息。

二、车站 ISCS 工作站故障

（一）场景

车站 ISCS 工作站故障，站务人员无法通过 ISCS 工作站监控设备。

（二）处置流程

（1）车站人员报 OCC 维调；OCC 维调尽快安排专业人员维修设备。

（2）OCC 电调、环调协助站务人员通过中央 ISCS 工作站监控故障车站设备。

（三）功能分配

综合监控：

（1）具备控制中心、车站二级控制功能。

（2）车站工作站冗余配置，单台设备故障不影响系统运行。

（3）中央 ISCS 工作站显示车站工作站故障报警信息。

三、人防门状态丢失

（一）场景

人防门“开到位”状态丢失，中央与车站 ISCS 工作站显示报警信息并推送对应人防门处 CCTV。

（二）处置流程

（1）FAM 调、站务人员根据 ISCS 工作站报警信息与推送的 CCTV 确认人防门状态；如 FAM 调确认人防门状态异常，立即对接近列车采取远程紧急制动；站务人员根据 FAM 调指令现场确认人防门状态。

（2）OCC 维调及时安排检查维修人防门设备。

（三）功能分配

1. 信号

中央 ATS 工作站具备对列车远程施加紧急制动功能。

2. 综合监控

（1）当 ISCS 未收到人防门开门状态信息，中央与车站 ISCS 工作站上显示报警信息并推送对应人防门 CCTV。

（2）BAS 系统将人防门状态信息发送至 ISCS 系统。

3. 通信

区间人防门处设置 CCTV 摄像机，用于监视人防门状态。

四、区间联络通道门状态丢失

（一）场景

区间联络通道门“关到位”状态丢失，中央与车站 ISCS 工作站显示报警信息并推送对应联络通道门处 CCTV。

（二）处置流程

FAM 调、站务人员根据 ISCS 工作站报警信息与推送的 CCTV 确认区间联络通道门状态；如 FAM 调确认区间联络通道门脱落，立即对接近列车采取远程紧急制动；FAM 调派遣列管员现场确认区间联络通道门状态；OCC 维调及时安排检查维修区间联络通道门设备。

（三）功能分配

1. 综合监控

（1）当 ISCS 未收到区间联络通道门关门状态信息，中央与车站 ISCS 工作站上显示报警信息，并推送对应联络通道门 CCTV。

（2）FAS 系统将通道门状态信息发送至 ISCS 系统。

2. 通信

区间联络通道门处设置 CCTV 摄像机，用于监视联络通道门状态。

第八节　站台门系统故障

一、防淹门“打开且锁闭”信号丢失

（一）场景

防淹门“打开且锁闭”信号丢失，ATS 工作站、中央与车站 ISCS 工作站显示报警信息并推送对应防淹门 CCTV；正在接近防淹门区域或防淹门区域内的列车产生紧急制动，防淹门区域外的列车运行至对应站台无法动车；后续列车须降级通过防淹门区域。

（二）处置流程

（1）FAM 调、站务人员通过 CCTV 确认防淹门状态；FAM 调立即安排列管员接管列车并查看区间及防淹门状态。

（2）OCC 维调尽快安排专业维修设备；列管员根据 FAM 调指令驾驶列车。

（三）功能分配

1. 信号

（1）防淹门“打开且锁闭”信号丢失，ATS 工作站显示报警信息。

（2）正在接近防淹门区域或防淹门区域内的列车产生紧急制动，防淹门区域外的列车运行至对应站台无法动车。

2. 综合监控

防淹门“打开且锁闭”信号丢失，中央与车站 ISCS 工作站显示报警信息并推送对应 CCTV，相应防护信号无法正常开放。

3. 通信

防淹门处设置 CCTV，用于监视防淹门状态。

二、站台门关闭故障

（一）场景

当站台门关闭后丢失“关闭且锁紧”信号，中央与车站 ATS 工作站对应站台门状态显示“站台门报警”，区间运行的列车不允许进入站台，正在进站或出站的列车紧急制动，停站列车禁止动车，正在出站的列车紧急制动，中央与车站 ISCS 工作站推送对应站台 CCTV。

（二）处置流程

（1）FAM 调安排站务人员确认站台门状态；站务人员确认站台门故障后人工关闭该站台门，并通过 LCB 钥匙操作“手动关”，后续列车进站时对应车门实施对位隔离。

（2）如站台门仍无“关闭且锁紧”信号，站务人员根据 FAM 调指令操作 PSL“互锁解除”接发列车。

（3）如同时多扇或整侧站台门无法关闭（含站台门未联动），站务人员可通过 PSL 或 IBP 关闭站台门，如仍无法关闭，站务人员根据 FAM 调指令操作 PSL“互锁解除”接发列车。

（4）OCC 维调尽快安排专业人员维修设备；如“关闭且锁紧”信号恢复正常，FAM 调在 ATS 上及时解除站台门报警。

（三）功能分配

1. 信号

（1）未检测到站台门“关闭且锁紧”，区间运行的列车不允许进入站台，正在进站或出站的列车紧急制动，停站列车禁止动车，正在出站的列车紧急制动。

（2）站台门“关闭且锁紧”信号丢失，同时站台无列车停靠，OCC 的 ATS 工作站上能显示“站台门报警”，并显示报警信息。

（3）“互锁解除”激活后，信号系统收到站台门“互锁解除”激活信息后，允许站台正常接发列车。

（4）信号系统发送站台门开门指令 6.5 s 后未检测到整侧站台门开门信息，向 ATS 工作站报警。

2. 车辆

根据信号发送的站台门故障隔离信息实现车门对位隔离。

3. 综合监控

（1）中央与车站 ISCS 工作站上能显示站台门"关闭且锁紧"信息。

（2）中央与车站 ISCS 工作站推送对应站台 CCTV，车站 ISCS 工作站能自动切换至站台门监视画面（推图功能）。

4. 站台门

（1）每侧站台公共区域装备 PSL，通过 PSL 可人工开关整侧站台门、互锁解除整侧站台门。

（2）每道滑动门、应急门配置门状态指示灯；当滑动门关闭过程中，门状态指示灯闪烁；当滑动门、应急门未关闭且锁紧，门状态指示灯常亮；当滑动门故障，门状态指示灯闪烁或常亮，设备房的站台门 PSA 上有相应的显示。

（3）每道滑动门配置 LCB，通过操作 LCB 可以手动开关和隔离单道滑动门。

（4）IBP 提供手动开关整侧站台门功能。

（5）站台 PSL 操作生效后点亮相应指示灯。

（6）操作 LCB"手动开""手动关""隔离"均能实现站台门故障对位隔离功能。

（7）站台门控制等级由高到低顺序依次为：手动解锁→LCB 控制→IBP 控制→PSL 控制→信号级控制。

三、站台门打开故障

（一）场景

列车到站停稳后，单道、多道或整侧站台门无法打开。

（二）处置流程

单道或多道站台门无法打开，站务人员通过门状态指示灯或 ISCS 工作站确认故障站台门后，通过 LCB 将故障站台门打至"手动关"，后续列车进站时车门实施对位隔离；整侧站台门无法打开（含站台门未联动），站务人员可通过站台 PSL 或 IBP 开关站台门；如通过站台 PSL 或 IBP 仍无法打开整侧站台门，站务人员可通过 LCB 或手动解锁打开站台门，供乘客上下车。

（三）功能分配

1. 信号

（1）信号系统发送站台门开门指令 6.5 s 后未检测到整侧站台门开门信息，向 ATS 工作站报警。

（2）列车停站时，当检测到整侧站台门未开门，列车不允许发车，保持车门打开。

2. 车辆

根据信号发送的站台门故障隔离信息实现车门对位隔离。

3. 综合监控

当站台门不能打开时，中央与车站 ISCS 工作站上显示相应告警信息；车站 ISCS 工作站能自动切换至站台门监视画面（推图功能）。

4. 站台门

（1）每侧站台公共区域配置 PSL，通过 PSL 可人工开关整侧站台门、互锁解除整侧站台门。

（2）每道滑动门、应急门配置门状态指示灯；当滑动门打开过程中，门状态指示灯闪烁；当滑动门、应急门未关闭且锁紧，门状态指示灯常亮；当滑动门故障，门状态指示灯闪烁或常亮，设备房的站台门 PSA 上有相应的显示。

（3）每道滑动门配置 LCB，通过操作 LCB 可以手动开关和隔离单道滑动门。

（4）IBP 提供手动开关整侧站台门功能。

（5）站台 PSL 操作生效后点亮相应指示灯。

（6）操作 LCB“手动开”“手动关”“隔离”均能实现站台门故障对位隔离功能。

（7）检测到站台门无法打开时，向 ISCS 发送站台门开门故障报警信息。

四、站台门故障隔离车门

（一）场景

站台门故障隔离后，对应的门状态指示灯常亮；列车进站前，车辆接收到车载 CC 转发的站台门故障隔离信息，对应车门上方的动态地图 LCD 屏显示此门暂停服务，车门上方红色指示灯点亮，车站、中央 ISCS 工作站显示站台门和车门隔离信息。

（二）处置流程

无。

（三）功能分配

（1）车载 CC 发送打开车门及站台门指令，被隔离站台门对应的车门由车辆控制不打开，被隔离站台门由站台门系统控制不打开。站台门故障隔离车门信息传递流程如下：

① 站台门→ATS：站台门系统将隔离站台门的信息发送给 ATS、综合监控系统。

② ATS→车载 CC：列车进站前，ATS 将本站台的站台门隔离信息发送给车载 CC。

③ 车载 CC→车辆 TCMS：车载 CC 将隔离站台门信息发送给车辆 TCMS，车辆 TCMS 控制对应车门不打开。

④ 列车启动后，车载 CC 不再发送站台门隔离信息给车辆 TCMS。

（2）列车车门对位隔离状态信息传递流程：

① 车辆 TCMS→车载 CC：车门对位隔离后，车辆 TCMS 将车门隔离状态信息发送至车载 CC。

② 车载 CC→ATS：车载 CC 将车门隔离状态信息发送至 ATS。

③ ATS→站台门：ATS 将车门隔离状态信息发送至站台门。

（3）信号。

① 收到站台门的隔离信息后，发送站台门隔离信息给车辆 TCMS。

② 未收到车门对位隔离成功信息时，中央与车站 ATS 工作站显示报警信息，不影响列车正常发车。

③ ATS 将车门隔离状态信息发送至站台门。

（4）车辆。

① 车门对位隔离后，对应车门上方的动态地图 LCD 屏显示此门暂停服务，车门上方红色指示灯点亮。

② 向信号反馈对位隔离状态。

③ 列车启动后，车门隔离状态恢复。

（5）站台门。

① 站台门故障隔离后，门状态指示灯常亮。

② 操作 LCB“手动开”“手动关”“隔离”均能实现站台门故障对位隔离功能。

③ 站台门将接收到的车门隔离状态信息发送至综合监控。

④ 站台门 PSA 上的相关隔离信息流转记录齐全。

⑤ 站台门故障隔离和对位隔离状态有区分。

（6）综合监控。

中央与车站 ISCS 工作站显示站台门与车门隔离状态信息。

五、车门故障隔离站台门

（一）场景

车门因故障隔离后，对应车门上方动态地图 LCD 屏显示此门暂停服务，车门上方红色指示灯点亮。站台门接收到 ATS 转发的车门隔离信息，对应站台门状态指示灯闪烁，列车进站停车时相对应的站台门不打开，车站、中央 ISCS 工作站显示站台门和车门隔离信息。

（二）处置流程

无。

（三）功能分配

（1）车载 CC 发送打开车门与站台门指令，故障车门由车辆控制不打开，站台门系统控制对应站台门不打开。故障车门隔离信息传递流程如下：

① 车辆 TCMS→车载 CC。

当车门被隔离时，车辆 TCMS 向车载 CC 发送车门故障隔离信息，车载 CC 向 OCC 发送故障报警信息。

② 车载 CC→ATS。

车载 CC 在进站前与 ATS 通信，向 ATS 发送车门隔离信息。

③ ATS→站台门。

ATS 将车门隔离信息发送给站台门，站台门系统控制对应的站台门不打开。

④ 列车启动后，本站站台门隔离状态恢复。

（2）信号。

① 收到车门的隔离信息后，发送车门隔离信息给站台门系统。

② 未收到站台门对位隔离成功信息时，中央与车站 ATS 工作站报警（车站 ATS 工作站弹窗报警），不影响列车正常发车。

（3）车辆。

车门隔离后，车门上方动态地图 LCD 屏显示此门暂停服务，车门上方红色指示灯点亮。

（4）站台门。

① 站台门对位隔离后，控制对应的站台门不动作，门状态指示灯显示闪烁。

② 站台门将接收到的车门隔离状态信息发送至综合监控。

③ 站台门 PSA 上的相关隔离信息流转记录齐全。

④ 站台门故障隔离和对位隔离状态有区分。

⑤ 列车启动后，本站站台门隔离状态恢复。

（5）综合监控。

中央与车站 ISCS 工作站显示站台门与车门隔离状态信息。

六、对位隔离失败

（一）场景

当站台门故障时，车门对位隔离失败；当车门故障时，站台门对位隔离失败，中央与车站 ATS 工作站显示对位隔离失败报警信息。

（二）处置流程

站务人员根据车站ATS工作站报警信息或FAM调指令确认对位隔离车门或站台门区域状况，并加强现场监控，做好乘客服务。

（三）功能分配

1. 信号

（1）ATS 工作站上能显示对位隔离功能不可用的报警信息；

（2）未收到车门/站台门对位隔离成功信息时，中央与车站 ATS 工作站报警（车站 ATS 工作弹窗报警），不影响列车正常发车。

2. 站台门

对位隔离信息丢失不影响站台门响应信号系统开关门命令的执行。

3. 车辆

对位隔离信息丢失不影响车门响应信号系统开关门命令的执行。

七、站台门夹物

（一）场景

滑动门关闭遇障碍物时，尝试三次关门失败后保持全开状态，门状态指示灯闪烁，站台门系统向信号系统和综合监控系统发送站台门防夹信息，中央与车站 ATS 工作站、ISCS 工作站显示报警信息。

（二）处置流程

站务人员根据车站 ATS 工作站报警信息或 FAM 调指令确认防夹站台门状态；站务人员可通过门状态指示灯或 ISCS 工作站报警信息识别夹物站台门；站务人员现场处理后，关闭该站台门；如站台门无法关闭或关闭后“关闭且锁紧”信号丢失，按“站台门关闭故障”执行。

（三）功能分配

1. 信号

接收到站台门系统防夹信息后，中央与车站 ATS 工作站显示报警信息。

2. 综合监控

中央与车站 ISCS 工作站能显示站台门夹物报警信息。

3. 站台门

站台门关闭遇障碍物时，尝试三次关门失败后保持全开状态，门状态指示灯闪烁。

八、端门打开

（一）场景描述

端门打开时，车站 ISCS 工作站推送端门处 CCTV，并显示报警信息。

（二）处置流程

站务人员根据车站 ISCS 工作站报警信息确认是否有人员进入：如站务人员确认无人员进入，关闭端门；如发现有人员侵入轨行区，按“人员侵入轨行区”执行。

（三）功能分配

1. 综合监控

（1）车站 ISCS 工作站上能显示端门打开信息。
（2）车站 ISCS 工作站能推送打开端门处的 CCTV。

2. 通信

端门处设置 CCTV 摄像机，用于观察端门人员进出情况。

3. 站台门

（1）站台门系统能检测端门打开和关闭状态。

（2）站台门 PSA 上能显示端门打开信息，并上传至车站 ISCS 工作站。

（3）端门不串入整个站台门安全回路。

九、应急门故障

（一）场景描述

站台应急门故障，站台门“关闭且锁紧”信号丢失，区间运行的列车不允许进入站台，正在进站的列车紧急制动，停站列车禁止动车，正在出站的列车紧急制动；中央与车站 ATS 工作站、中央与车站 ISCS 工作站上显示报警信息。

（二）处置流程

站务人员通过门状态指示灯或 ISCS 工作站识别站台应急门故障；现场站务人员确认应急门关闭后，将应急门控制开关操作至“旁路”位；如“关闭且锁紧”信号恢复正常，FAM 调在 ATS 上及时解除站台门报警。

（三）功能分配

1. 信号

（1）未检测到站台门“关闭且锁紧”，区间运行的列车不允许进入站台，正在进站的列车紧急制动，停站列车禁止动车，正在出站的列车紧急制动。

（2）站台门“关闭且锁紧”信号丢失，同时站台无列车停靠，OCC 的 ATS 工作站上能显示“站台门报警”，并显示报警信息。

2. 综合监控

（1）当应急门故障，中央与车站 ISCS 工作站上能显示“关闭且锁紧”信息。

（2）中央与车站 ISCS 工作站能显示应急门状态。

（3）中央与车站 ISCS 工作站推送对应应急门处 CCTV。

3. 站台门

（1）应急门关闭状态串入整侧站台门安全回路中，站台门系统能检测到每道应急门状态，如检测到打开状态，站台门“关闭且锁紧”信号断开。

（2）每道应急门配置控制开关，当控制开关打至“旁路”位时，该道应急门不接入安全回路。

（3）每侧站台第 1、2 道滑动门之间和第 23、24 道滑动门之间设置应急门。

（4）应急门配置门状态指示灯。

十、站台门和车门间隙检测报警

（一）场景

当间隙检测设备启用期间，检测到站台门与车门间隙有异物或间隙检测设备故障，信号系统无法收到站台门“关闭且锁紧”信号，停站列车不允许发车。

（二）处置流程

站务人员根据车站 ISCS 工作站报警信息或 FAM 调指令确认站台门与车门间状态；站务人员现场确认，有异物则清除异物，无异物则确认站台安全后操作“互锁解除”，列车自动发车。

（三）功能分配

1. 综合监控

中央与车站 ISCS 工作站显示间隙检测设备报警信息。

2. 站台门

（1）站台门和车门之间应安装间隙检测设备。

（2）间隙检测启用期间的状态串入安全回路，当间隙检测系统检测到车门和站台有异物时，安全回路断开。

（3）站台门系统能向 ISCS 工作站发送间隙检测设备报警信息。

第九节　车场设备故障

一、自动洗车异常

（一）场景

当洗车机故障、列车故障、信号系统故障、信号系统与洗车机接口故障时，将无法自动洗车。

（二）处置流程

（1）如列车停在洗车库前无法进入洗车库洗车，且洗车机无故障，场调派遣列管员接管列车进行人工洗车。

（2）如无法停止侧面清洗，运维支持员按压 DCC 洗车控制盘紧急停止按钮，并安排专业人员现场处置。

（3）如洗车机本身发生故障且无法满足洗车条件时，洗车自动停止，车场 ATS 工作站显示洗车机故障报警信息，正在洗车的列车产生紧急制动；运维支持员可通过洗车机远程控制台查看故障信息，场调安排专业人员与列管员现场处置。

（4）如洗车过程中列车发生故障无法运行，洗车自动停止，车场 ATS 工作站显示洗车机故障报警信息，运维支持员可通过洗车机远程控制台查看故障信息；场调派遣列管员现场登车处置。

（5）如洗车过程中信号系统与洗车机接口故障或信号系统本身通信故障，洗车自动停止，车场 ATS 工作站显示洗车机故障报警信息；场调安排专业人员与列管员现场处置。

（三）功能分配

1. 信号

（1）排列进入洗车库的进路检查洗车机的“洗车机就绪”，无“洗车机故障”“洗车机可通过”信号；当不具备条件时，不排列进入洗车库的进路。

（2）当收到“洗车机故障”信息后，正在洗车的列车立即触发紧急制动。

（3）“允许列车移动”“洗车机可通过”信号未收到时，禁止列车移动。

（4）车场 ATS 工作站具备显示洗车机故障报警的功能。

（5）如未收到“洗车机就绪”信号，车场 ATS 工作站能显示报警信息。

2. 车辆

收到“洗车”指令后，控制雨刷打到洗车位，在收到信号系统发送的牵引允许、牵引指令级位后，列车恒速 3 km/h 运行。

3. 通信

CCTV 覆盖洗车区域。

4. 洗车机

（1）洗车机准备就绪，且收到信号系统的“洗车请求”后，能向信号系统发送“同意洗车”。

（2）洗车机检测到列车在前端洗车位置，且收到信号系统发送的“前端洗车停稳”后，能取消向信号系统发送“允许列车移动”。

（3）洗车机急停按钮被按下时，洗车机向信号系统发出洗车机故障信息。

（4）洗车机准备就绪且无故障后，能向信号系统发送“洗车机就绪”“洗车机可通过”信号，不发送“洗车机故障”信号。

（5）洗车机具备自诊断功能，出现无法洗车的故障时，立即向信号系统发送洗车机故障报警信息。

（6）洗车机检测到信号系统发送“洗车请求”中断后，自动停止运行。

（7）DCC 设置洗车机远程控制台，并具备远程开启与关闭洗车机的功能。

（8）如洗车过程中端洗停车位检测故障，无法启动端洗，洗车机确保端刷组在回位状态后自动取消端洗，本列车可重新启动进行侧洗。

（9）如洗车过程中列车发生故障，洗车机信号灯显示绿灯，列车可以出洗车库。

（10）端洗设备具备远程与就地旁路功能。

（11）端洗设备故障时，洗车机向信号系统发送“洗车机故障”信号。

二、唤醒失败

（一）场景

列车自动唤醒失败后，可以进入 FAM 模式，但信号会施加紧急制动，中央与车场 ATS 工作站显示报警信息。

（二）处置流程

（1）场调远程发送唤醒指令或远程休眠后再唤醒；如列车仍然无法唤醒，场调确认列车故障，并通知 DCC 维调及运维支持员。

（2）场调可在 ATS 工作站上人工确认，系统自动使用备用车替换主用车出库；如计划备用车已使用，场调可通过 ATS 工作站指定备用车替开主用车。

（3）OCC 维调及运维支持员尽快安排设备维修。

（4）如远程唤醒失败的列车必须出库，场调安排列管员上车尝试本地唤醒。

（三）功能分配

1. 信号

（1）唤醒失败后，中央与车场 ATS 工作站按信号/通信/车辆专业划分显示报警信息。

（2）自动唤醒失败后，具备远程再次休眠唤醒的功能。

（3）当计划列车唤醒失败，经人工确认后，系统具备自动使用备车替换的功能，检修作业结束，必须将驾驶模式恢复至 FAM 模式。

（4）如已设定备用车且指定备用车编入计划后，当主用车发生故障唤醒失败时，在当前列车唤醒失败进行报警且经人工确认后，系统自动用备用车替换主用车，其他列车出库顺序不变。

2. 车辆

（1）能根据信号系统发送的工况指令控制空调和照明。

（2）车辆能向信号系统转发车载通信设备自检结果。

（3）唤醒过程不响应远程控制指令。

3. 通信

能向车辆发送车载通信设备自检结果。

三、休眠失败

（一）场景

列车无法自动休眠，中央与车场 ATS 工作站显示报警信息。

（二）处置流程

场调尝试对列车远程休眠；如列车仍无法休眠，场调通知 OCC 维调及运维支持员；OCC 维调及运维支持员安排专业维修人员处理；故障处理完毕后，维修人员执行本地休眠或场调实施远程休眠。

（三）功能分配

1. 信号

当信号/车辆故障导致无法休眠，能在中央与车场 ATS 工作站显示休眠失败原因，按专业划分。

2. 车辆

如车辆发生故障导致无法休眠，不向信号系统发送休眠确认信息。

四、自动化区域内列车申请蠕动模式

（一）场景

FAM 列车在车场自动化区域内发生车载 CC 与车辆 TCMS 网络故障，或车辆 TCMS 与制动系统网络中断，中央或车场 ATS 工作站弹出 CAM 申请提示。

（二）处置流程

（1）如正在出库的列车需要返回，FAM 调将相关转换轨入正线信号机转人工控，场调根据 FAM 调指令在车场 ATS 工作站上人工确认，咽喉区列车以 CAM 模式向前运行至转换轨，FAM 调对故障列车设置回库目的地码，列车自动以 CAM 模式回库。

（2）如列车正在入库，场调在车场 ATS 工作站上人工确认，列车 CAM 模式运行至停车股道停车。

（三）功能分配

1. 信号

（1）信号车载 CC 监测到与车辆 TCMS 网络故障，ATS 工作站显示报警信息并弹出进入 CAM 模式申请，经调度确认后自动转为 CAM 模式。

（2）列车能在转换轨根据 ATS 运行命令自动换端。

（3）能根据当前 ATS 权限在对应的 ATS 工作站上提示 CAM 模式申请。

2. 车辆

能根据信号指令执行 CAM 模式。

五、信号系统故障

信号系统故障分为道岔故障、计轴故障、联锁故障、ZC 故障和 ATS 服务器故障。

（一）道岔故障

1. 场景

当道岔失去表示时，列车无法以 FAM 模式越过故障道岔，中央与车场 ATS 工作站显示报警信息。

2. 处置流程

（1）列车停稳后，通过 ATS 操作故障道岔定反位至少两个来回以上进行故障判断；如道岔表示未恢复，场调通知 OCC 维调，OCC 维调尽快安排专业维修设备。

（2）如受影响的列车需要进入正线，场调安排现场人工准备进路，并派遣列管员上车接管列车；列管员按场调指令驾驶列车，可驾驶列车至转换轨恢复 FAM 模式。

3. 功能分配

信号：

（1）中央与车场 ATS 工作站能显示道岔失表报警信息，并能控制列车在道岔前停车或触发紧急制动。

（2）车场现地控制工作站上提供道岔单操功能。

（二）计轴故障

1. 场景

（1）当发生计轴故障，ATS 工作站相应计轴区段显示棕光带，不影响通信列车运行。

（2）当非通信列车接近计轴故障区段后，区段变为“占用”状态，ATS 工作站相应计轴区段显示粉光带。

（3）车场内自动化区域与非自动化区域的转换轨计轴故障显示粉光带。

2. 处置流程

（1）场调确认粉光带计轴区段无列车占用，或安排人员现场确认列车占用情况；对故障区段操作计轴预复位，列车通过并出清后，计轴状态恢复正常。

（2）当出现粉光带时，场调派遣列管员接管列车；列管员根据场调指令运行。

3. 功能分配

信号系统车场自动化区域计轴区段均配置为“可切除”计轴区段，车场计轴设备具备预复位功能。

（三）联锁故障

1. 场景

（1）发生联锁故障时，车场 ATS 工作站灰显，联锁区内进路无法办理，道岔无法操动。

（2）车场 ATS 工作站无法监视区域内的列车与轨旁设备信息，并显示报警信息。

（3）自动化区域内正在运行的列车紧急制动，已停车列车无法动车。

2. 处置流程

（1）场调停止场内调车作业，派遣工作人员现场确认列车位置；通知 OCC 维调，同时安排设备维修。

（2）如有列车出库需要，场调安排工作人员现场准备人工进路，派遣列管员驾驶列车至正线。

（3）列车进入正线后，列管员继续驾驶列车至就近站台升级 FAM 模式。

3. 功能分配

信号联锁系统为双系冗余系统，单系故障或者主备系切换不影响联锁系统正常工作；中央与车场 ATS 工作站、维护工作站能显示联锁系统故障报警信息。

（四）ZC 故障

1. 场景

ZC 故障时，故障区域内的列车立即施加紧急制动，中央与车场 ATS 工作站显示报警信息。通信列车占用光带为红光带，非通信列车占用光带为粉光带。如 ATS 与 CC 通信正常，CC 能将列车位置信息发送至 ATS。

2. 处置流程

（1）场调扣停即将进入故障区域的列车，向 OCC 维调通报故障；维调尽快安排专业人员维修设备；场调安排列管员接管相关列车。

（2）将由正线进入车场故障区域的列车，可由 FAM 调组织列车暂不回库。

（3）如故障区域内列车需要回库，列管员根据 FAM 调指令转为 RM 模式驾驶列车回库。

（4）如故障区域内列车需要前往正线，列管员根据场调指令转为 RM 模式驾驶列车至转换轨后尝试恢复 FAM 模式运行。

（5）ZC 故障恢复，场调通过 ATS 工作站重新设置故障区域全自动驾驶区域授权。

3. 功能分配

（1）ZC 故障恢复后，列车以 RM 模式运行通过自动化区内计轴区段完成筛选，重新获取 CBTC 授权并升级为 CBTC 控制模式。

（2）ZC 系统为双系冗余系统，单系故障或者主备系切换不影响 ZC 工作；车场 ZC 故障时，中央与车场 ATS 工作站、ATS 维护工作站显示报警信息，ZC 系统双系故障或双网通信故障，才会对运营造成影响。

（五）ATS 服务器故障

1. 场景

（1）故障服务器对应区域的 ATS 界面灰显，自动进路功能不可用，影响场调编制出入库计划。

（2）中央与车站 ATS 工作站、ATS 维护工作站显示车站 ATS 服务器故障报警信息。

2. 处置流程

FAM 调通知场调将 ATS 切换到联锁紧急站控模式；场调手动办理进路；如需编制出入库计划，由未故障的车场场调协助编制。

3. 功能分配

车场 ATS 服务器应冗余配置，单台设备故障不影响系统运行；中央 ATS 工作站、维护工作站能显示车场 ATS 服务器故障报警信息；车场 ATS 服务器故障前已触发的进路有效且不影响列车运行；车场 ATS 具备所有车场出入库计划编制功能；车场 ATS 服务器故障前已触发的进路有效且不影响列车运行。

（六）车场接触网失电

1. 场景

场内故障区域内列车失电，电客车无法运行；中央与车场 ISCS 工作站、ATS 工作站、车场 ATS 工作站显示报警信息。

2. 处置流程

场调通知 OCC 维调；OCC 组织支援供电并安排设备维修；场调优先安排未受影响的列车

替换失电区域列车。

3. 功能分配

1）信号

（1）能在中央与车场 ATS 工作站上显示供电分区的带电状态。

（2）接触网失电时，中央与车场 ATS 工作站显示报警信息。

2）综合监控

（1）中央与车场 ISCS 工作站能显示供电分区的带电状态。

（2）接触网失电时中央与车场 ISCS 工作站显示报警信息。

（3）能向信号发送接触网失电信息。

（七）车场专用无线通信故障

1. 场景

专用无线集群调度故障，无线调度台、无线车载台、无线固定台、手持台不可用。

2. 处置流程

场调、列管员手持台通过无线公网通信联系；场调通知 OCC 维调，OCC 维调尽快安排专业人员维修设备；场内进行广播提醒其他相关人员。

3. 功能分配

1）综合监控

能接收并显示专用无线集群调度设备的报警信息。

2）通信

（1）手持台具备双模功能，车站工作人员和列管员可与 FAM 调保持有线通信、无线公网通信。

（2）能在无线网管工作站显示故障报警信息。

（3）当无线集群调度设备故障时，手持台具备双模自动切换至无线公网通信的功能，列管员可与 FAM 调保持无线公网通信。

（4）车场广播具备人工广播功能。

（八）车场 CCTV 故障

1. 场景

CCTV 联动功能不可用，ISCS 工作站无法调用 CCTV。

2. 处置流程

如 ISCS 工作站无法调用，场调通过 CCTV 监视终端进行监控；场调将故障通报 OCC 维调；OCC 维调尽快安排专业人员维修设备。

3. 功能分配

1）综合监控

中央与车场 ISCS 工作站上能显示 CCTV 故障报警。

2）通信

车场关键区域[车场道岔咽喉区、试车线、洗车线、进入全自动区门禁处、DCC（覆盖SPKS开关）、场外转换轨位置、地下通道、防护区域入口、停车列检库、触网接挂地线点等]覆盖CCTV。

（九）车场PA故障

1. 场景

车场内自动广播功能不可用，车场ISCS工作站、PA网管工作站显示报警信息。

2. 处置流程

场调通知OCC维调；OCC维调尽快安排专业人员维修设备；场调可通过广播控制盒进行人工广播。

3. 功能需求

1）综合监控

中央与车场ISCS工作站上能显示PA故障报警信息。

2）通信

（1）车场广播系统配置后备广播控制盒。

（2）中央PA网管工作站能显示PA故障报警信息。

（十）车场ISCS服务器故障

1. 场景

车场ISCS服务器故障，场调无法通过ISCS工作站进行设备监控，相关子系统联动功能不可用，中央ISCS工作站显示故障报警信息。

2. 处置流程

场调将故障通报OCC维调；OCC维调尽快安排专业人员维修设备。

3. 功能分配

综合监控：

（1）综合监控系统设计控制中心、车站（含车场）两级控制。

（2）单个车站级系统故障不影响ISCS功能。

（3）中央ISCS工作站能显示站级系统故障报警信息。

（十一）车场门禁系统故障

1. 场景

门禁系统断电或失效，门禁释放，车场ISCS工作站显示报警信息。

2. 处置流程

场调通知OCC维调；OCC维调尽快安排专业人员维修设备。

3. 功能分配

1）信号

防护区域设置 SPKS；每个防护区域入口设置 SPKS 指示灯，SPKS 激活后封锁对应的区域，禁止区域外的列车进入，禁止区域内的列车移动，经过一定时间 SPKS 防护区域内列车已停稳且不会有列车闯入，点亮防护区域入口处 SPKS 指示灯。

2）综合监控

中央与车场 ISCS 工作站上能显示门禁系统故障报警；车场内自动化区域的各防护分区的出入口处设有门禁，并设置不同权限。

3）通信

（1）车场内布置适当数量的 CCTV 摄像机，用于调度员观察车场内的情况。

（2）进入自动化区域的每个入口处布置 CCTV 摄像机。

（3）车场关键区域[车场道岔咽喉区、试车线、洗车线、进入全自动区门禁处、DCC（覆盖 SPKS 开关）、场外转换轨位置、地下通道、防护区域入口、停车列检库、触网接挂地线点等]覆盖 CCTV。

4）土建与车场工艺

车场内自动化区域的各防护分区设置出入口。

第三章 应急场景设计

轨道交通运营生产过程中人员的不安全行为、设备故障以及管理上的缺陷等众多因素均可能导致突发事件的发生。地铁空间封闭复杂，地下空间狭小密闭、建筑结构复杂、电气设备种类多等因素导致应急处置更加复杂，对从业人员的业务能力要求也越来越高，本章从以下几个方面对应急管理进行进一步阐述。

第一节 乘客紧急对讲激活

一、场景描述

当司机室未人工激活时，乘客按压乘客紧急对讲按钮，报警信息发送到中央 ATS 工作站和 ISCS 工作站，对应的 CCTV 自动推送到中央 ISCS 工作站，紧急对讲接通 OCC。

二、基本处置程序

（1）FAM 调根据 CCTV 推送的图像查看列车内的情况，并与乘客通话。

（2）FAM 调通知列管员到现场进行处理，若处理不好则组织列车运行至下一站，通知站务进行处理。

三、功能分配

1. 信号

（1）中央 ATS 工作站能显示紧急对讲报警信息。

（2）将紧急对讲申请信息和行车信息发送到 ISCS 系统。

2. 车辆

（1）司机室虚拟激活时（被信号系统激活），将紧急对讲申请及激活信息发送到车载通信系统和信号系统。

（2）司机室钥匙激活时，紧急对讲点的 CCTV 自动推送至司机室 CCTV 显示屏，紧急对讲接通司机室。

3. 综合监控

（1）中央 ISCS 工作站能显示紧急对讲申请和激活信息。

（2）中央 ISCS 工作站能推送紧急对讲点的车载 CCTV。

（3）当同时多个乘客紧急对讲激活时，可选择任意一个接通进行通话。

（4）具备调取车载 CCTV 功能。

4. 通信

（1）IPH 申请激活，IPH 系统将信息发送至中央 ISCS 系统，同时 IPH 工作站显示申请和激活信息；

（2）乘客紧急对讲接通后，IPH 具备语音通话功能和录音功能。

第二节　车门紧急解锁手柄激活

一、场景描述

（1）列车区间停车或站台未对标停车时，乘客将车门紧急解锁手柄拉至申请位，车门不能打开，ATS 工作站上提示“车门紧急解锁激活”报警信息。

（2）列车在站台对标停车后，乘客将车门紧急解锁手柄拉至申请位，系统自动扣车打开车门和站台门并保持不关闭，ATS 工作站上提示“车门紧急解锁激活”报警信息。

（3）列车在区间运行及进站过程中，乘客将车门紧急解锁手柄拉至申请位，中央与车站 ATS 工作站提示“车门紧急解锁激活”报警信息，列车继续运行到站后自动扣车打开车门和站台门并保持不关闭。

（4）列车正在离站过程中，乘客将车门紧急解锁手柄拉至申请位，信号系统判断施加紧急制动后仍能保证一个车门在站台区域，则施加紧急制动，否则列车将继续运行到下一站。

二、基本处置程序

1. 列车区间停车或站台未对标停车时，紧急解锁手柄激活处置程序

（1）FAM 调通过推送的 CCTV 查看现场情况并与现场乘客进行沟通。

（2）区间停车时，如 FAM 调拒绝车门紧急解锁，车门无法被打开，运行到下一站处置；如 FAM 调同意车门解锁或 60 s 不做操作，则系统授权疏散平台侧车门解锁，乘客可手动拉开车门，FAM 调通知列管员按区间紧急疏散执行。

（3）站台未对标停车时，如 FAM 调拒绝车门紧急解锁，车门无法被打开，FAM 调组织列车或通知列管员接管列车运行到站处置；如 FAM 调同意车门解锁或 60 s 不做操作，则系统授权站台侧车门解锁，乘客可手动拉开车门，FAM 调通知列管员及站务人员处置。

2. 列车在站台对标停车后，紧急解锁手柄激活处置程序

（1）FAM 调通过推送的 CCTV 查看现场情况并与现场乘客进行沟通。

（2）FAM 调通知列管员现场处置。

（3）FAM 调收到列管员处置完毕后，复位“车门紧急解锁激活”状态信息，满足条件后列车自动运行。

3. 列车在区间运行及进站过程中，紧急解锁手柄激活处置程序

（1）FAM 调通过推送的 CCTV 查看现场情况并与现场乘客进行沟通。

（2）FAM 调通知列管员现场处置。

（3）FAM 调收到列管员处置完毕后，远程复位“车门紧急解锁激活”状态信息，满足条件后列车自动运行。

4. 列车正在离站过程中，紧急解锁手柄激活处置程序

（1）FAM 调通过推送的 CCTV 查看现场情况并与现场乘客进行沟通。

（2）列车施加紧急制动停车后，FAM 调派遣列管员前往处置或复位“车门紧急解锁激活”状态信息，满足条件后列车自动运行至下一站处置。

三、功能分配

1. 信号

（1）中央与车站 ATS 工作站显示紧急手柄激活报警信息。

（2）列车在区间运行时，紧急手柄激活（申请位），列车将运行到下一车站。

（3）区间停车时，紧急手柄激活（申请位），如 FAM 调拒绝车门紧急解锁，车门无法被打开，运行到下一站处置；如 FAM 调同意车门解锁或 60 s 不做操作，则系统授权疏散平台侧车门解锁，乘客可手动拉开车门。

（4）列车正在离站过程中，紧急手柄激活（申请位），信号系统判断施加紧急制动后仍能保证至少一个车门在站台区域，则信号系统施加紧急制动，复位车门紧急解锁申请，满足条件后列车自动运行至下一站。

（5）列车停车且未在站台对标时，检测到车门紧急解锁手柄激活（申请位），ATS 工作站上弹出车门紧急解锁申请确认信息，如系统收到同意车门解锁或在 60 s 内列车未收到 ATS 的同意或拒绝车门解锁确认信息，授权疏散侧的车门紧急解锁；如系统收到拒绝车门解锁确认信息，不授权车门紧急解锁，取消车门紧急解锁申请。

（6）列车在站台对标未发车时，检测到车门紧急解锁申请，列车自动扣车打开车门与站台门并保持不关闭。

（7）在 FAM/CAM、ATO、ATPM 模式下，禁止非疏散侧的车门紧急解锁授权。

（8）列车非零速时，禁止车门紧急解锁授权；列车零速时，检测到车门紧急解锁申请后系统施加紧急制动。

（9）FAM 模式下，车门紧急解锁申请由 FAM 调确认；ATO，ATPM 模式下，车门紧急解锁申请由列管员在信号车载 DMI 上确认。

（10）站台对标失败的列车能经 FAM 调确认后，列车运行至下一站。

（11）FAM 调点击车门紧急解锁申请“拒绝”后，自动复位“车门紧急解锁激活”状态信息。

2. 车辆

（1）车载 CCTV 实时视频能被调取。
（2）能发送“车门关闭且锁闭”状态给信号系统。
（3）车门紧急解锁手柄激活时，自动触发邻近的紧急对讲设备。
（4）能发送“车门紧急解锁申请”信号给信号系统。
（5）信号系统未给出“车门紧急解锁授权”，禁止车门紧急解锁手柄拉至解锁位。
（6）列车非零速时，禁止车门紧急解锁手柄拉至解锁位。
（7）RM 和 URM 模式下，车门紧急解锁申请由列管员在车辆 HMI 上确认。

3. 综合监控

车门紧急解锁手柄激活，中央 ISCS 工作站推送对应的 CCTV。

4. 通信

（1）车门紧急解锁手柄激活，可调用对应的 CCTV。
（2）中央能与现场乘客通过紧急对讲建立通信，IPH 具备录音功能。

第三节　人员侵入轨行区

一、场景描述

运营期间发现有人员侵入轨行区。

二、基本处置程序

（1）如事发区间有列车，车站激活对应区域 SPKS，并向 OCC 汇报。
（2）FAM 调扣停相关列车。
（3）FAM 调派遣列管员接管列车，站务根据 FAM 调指令取消 SPKS 后，列管员手动驾驶列车巡查区间。
（4）如在轨行区发现人员，列管员将侵限人员带至下一站。
（5）如经上下行各三趟列车限速巡查仍未在轨行区发现人员，FAM 调组织该区段恢复正常行车。

三、功能分配

1. 信号

为每个站台的每个区间下轨行区入口设置一个 SPKS，为正线每个站的存车线区域设置单独的 SPKS。

2. 车辆

列车两端监视轨行区方向设置视频监控。

3. 综合监控

当端门打开时，车站 ISCS 工作站推送对应端门 CCTV。

4. 通信

端门内设置 CCTV 摄像机。

第四节　火灾

一、列车火灾

1. 场景描述

（1）车辆检测到列车发生火灾时，通过车载 CC 将火灾报警信息上报 OCC，中央 ATS 工作站、中央 ISCS 工作站显示报警信息。

（2）中央 ISCS 工作站自动推送列车火灾报警区域的 CCTV。

（3）车辆检测到火灾报警后，自动关闭全列车空调。

（4）列车运行至下一站停车保持车门打开不关闭。

2. 基本处置程序

（1）FAM 调根据 CCTV 推送画面观察车内情况，通知列管员前往现场确认火势情况，及时进行灭火，组织列车运行至下一站，并安排下一站站务人员站台等候处置火灾。

（2）FAM 调对列车进行人工广播，并人工下发 PIS 信息告知乘客；如车厢内有明火，可通过人工广播引导乘客使用车上的灭火器灭火。

（3）FAM 调扣停相关列车，必要时安排邻线列车跳停。

（4）火灾列车到站清客，站务人员及时疏散乘客并协助灭火。

（5）如火灾已消除，FAM 调安排列管员接管列车并现场复位车辆火灾报警。

（6）列管员根据 FAM 调指令驾驶列车退出服务。

（7）如火势较大不可控，OCC 启动相应火灾应急预案。

3. 功能分配

1）信号

（1）列车发生火灾后，能在中央 ATS 工作站报警并显示。

（2）能向 ISCS 系统发送列车火灾报警信息。

（3）具备对列车或站台设置扣车功能。

（4）火灾报警时，信号发送前进方向第几节车厢发生火灾至 ATS。

（5）能对火灾报警的列车执行下一站停车保持车门打开不关闭。

2）车辆

（1）列车车厢发生火灾时能向信号系统发送火灾报警信息。

（2）车载 CCTV 实时视频能被调取。

（3）具备执行远程人工广播功能，显示远程下发的 PIS 信息。

（4）车辆检测到车内火灾报警后，能自动关闭全列车空调。

3）综合监控

（1）列车发生火灾，在中央 ISCS 工作站显示报警信息，并推送相应车载 CCTV。

（2）具备对列车远程人工广播、下发 PIS 信息功能。

（3）具备对车站远程人工广播、下发 PIS 信息功能。

4）通信

（1）具备对列车远程人工广播功能。

（2）具备对车站远程人工广播、下发 PIS 信息功能。

二、车站火灾

1. 场景描述

当车站 FAS 系统检测到车站发生火灾后，在中央与车站 ATS 工作站显示报警信息，中央与车站 ISCS 工作站显示报警点位与推图信息；中央与车站 ISCS 工作站自动调取对应位置 CCTV 图像。

2. 基本处置程序

（1）站务人员前往现场确认火灾情况，及时进行火灾应急处置；FAM 调扣停相关列车。

（2）如为站台火灾，且无法及时扣停列车，FAM 调组织列车跳停该站。

（3）如为站厅火灾，FAM 调视情况组织列车接驳该站站台乘客，后续列车跳停该站。

（4）如火灾已消除，站务人员、专业维修人员复位相关设备。

3. 功能分配

1）信号

（1）车站发生火灾后，能在中央与车站 ATS 工作站显示报警信息。

（2）具备对列车或站台设置跳停功能。

（3）具备对列车或站台设置扣车功能。

2）车辆

（1）具备执行远程人工广播功能，显示远程下发的 PIS 信息。

3）综合监控

（1）车站发生火灾后，中央与车站 ISCS 工作站显示报警点位与推图信息。

（2）车站火灾报警时，中央与车站 ISCS 工作站自动调取对应 CCTV 摄像机画面。

（3）收到火灾信息后，能联动车站 PIS 与车站 PA 播放广播与显示相关乘客信息。

（4）具备对车站远程人工广播、发送 PIS 信息功能。

（5）具备对列车远程人工广播、下发 PIS 信息功能。

4）通信

（1）具备对车站远程人工广播、发送 PIS 信息功能。

（2）具备对列车远程人工广播功能。

（3）车站范围内覆盖 CCTV。

（4）具备调取车站 CCTV 功能。

5）站台门

首末各 2 道滑动门具备排烟开门功能。

三、区间隧道火灾

1. 场景描述

区间隧道发生火灾报警，中央与车站 ATS 工作站、中央与车站 ISCS 工作站显示报警信息，如对应区间有列车，列车收到信号系统的区间火灾报警后，自动关闭车辆新风。

2. 基本处置程序

（1）OCC 扣停后续列车及邻线列车，如火灾区间已有列车，原则上运行至前方车站。

（2）FAM 调安排列管员接管列车，执行空车巡查；如火势可控，列管员尝试灭火。

（3）如区间火势不可控，安排列管员驾驶列车退回站台，FAM 调封锁相应区段，OCC 启动对应火灾预案。

3. 功能分配

1）信号

（1）中央与车站 ATS 工作站能显示区间火灾报警信息。

（2）能向车辆系统发送区间火灾报警信息。

（3）具备对列车和站台设置扣车功能。

（4）中央 ATS 工作站具备对列车远程施加紧急制动功能。

2）车辆

（1）列车两端监视轨行区方向、列车顶部监视受电弓处设置视频监控。

（2）车体下部设防火隔离层，防火隔离能力能满足乘客疏散要求。

（3）能在收到信号系统的区间火灾报警通知后，关闭车辆新风。

（4）具备执行远程人工广播功能，显示远程下发的 PIS 信息。

3）综合监控

（1）中央与车站 ISCS 工作站显示区间火灾报警信息。

（2）能根据区间火灾报警开启区间应急照明。

（3）能执行区间火灾模式。

（4）能向信号系统发送区间火灾报警信息。

（5）在综合监控工作站上确认无火灾或者火灾恢复后，可通过 FAS 系统人工远程复位。

（6）具备对列车远程人工广播、下发 PIS 信息功能。

4）通信

（1）地面 CCTV 覆盖正线关键区域：正线所有道岔、区间人防门、防淹门、联络线、存车线、联络通道、区间集水坑、端门外延伸走廊处。

（2）具备对列车远程人工广播功能。

第五节　区间积水

一、场景描述

区间水位监测设备检测到超高水位，中央与车站 ISCS 工作站显示报警信息，ISCS 推送对应区间集水坑处 CCTV。

二、基本处置程序

（1）FAM 调、站务人员根据 ISCS 工作站报警信息与推送的 CCTV 确认区间积水情况及相关水泵工作情况。

（2）如有需要，FAM 调通知列管员接管列车限速通过或安排专业进行抢修。

三、功能分配

1. 综合监控

（1）具备查看水泵工作状态及集水井水位报警的功能。

（2）区间水位监测设备检测到超高水位，中央与车站 ISCS 工作站显示报警信息，ISCS 推送对应区间集水坑处 CCTV。

2. 通信

全线关键区域设置 CCTV 如道岔、人防门、防淹门、存车线、转换轨、联络通道、区间集水坑等。

第六节　恐怖活动

一、场景描述

当列车、车站发生爆炸、毒气等恐怖袭击时的应急处置场景。

二、基本处置程序

（1）FAM 调安排车站人员立即查看现场情况。

（2）FAM 调与车站人员均可通过 CCTV 查看站内或列车情况。

（3）如列车发生恐怖活动，应尽可能安排列车运行至就近车站处置。

（4）如车站发生恐怖活动，应尽可能避免列车停靠该站站台。

（5）如有必要，维修设备调度改变车站或区间通风模式。

（6）车站或 FAM 调可通过预录广播、人工广播、乘客信息显示协助引导乘客疏散。

（7）恐怖活动处置完毕，现场车站人员与专业维修人员确认相关设备设施具备运营条件后，车站恢复正常运营。

三、功能分配

1. 信号

（1）具备对站台或列车设置扣车功能。

（2）具备对列车或站台设置跳停功能。

2. 车辆

（1）车载 CCTV 实时视频能被调取。

（2）具备远程人工广播功能，显示远程下发的 PIS 信息。

3. 综合监控

（1）具备对列车远程人工广播、下发 PIS 信息功能。

（2）具备对车站远程人工广播、下发 PIS 信息功能。

4. 通信

（1）专用调度电话、LTE 手持台提供通信功能。

（2）具备调取车载 CCTV 功能。

（3）具备调取车站 CCTV 功能。

（4）具备对列车远程人工广播功能。

（5）具备对车站远程人工广播、下发 PIS 信息功能。

第七节　区间疏散

一、区间有序疏散

1. 场景描述

列车在区间因设备故障或其他各类突发事件迫停，短时间内无法恢复运营，需要疏散车上乘客。

2. 基本处置程序

（1）FAM 调可通过 CCTV 观察列车车内情况，可对列车进行广播，发送紧急信息文本告知乘客。

（2）FAM 调确认列车迫停位置，确认疏散方向，并通知两端车站。

（3）FAM 调扣停后方列车及视情况扣停邻线列车，待两端车站人员到达迫停位置后通知列管员打开区间疏散平台侧车门执行区间有序疏散。

（4）区间恢复运营后，FAM 调通知列管员接管列车进行巡道。

3. 功能分配

1）信号

（1）能向车辆发送列车登乘信息，用于驱动列车登乘指示灯。

（2）列车区间临时停车时能立即向车辆发送临时停车信号。

2）车辆

（1）列车能按信号系统给出的信息自动触发预录广播与车载 PIS 显示信息；车辆系统收到信号系统发送的临时停车标志后，自动播放第一次临时停车广播；2 min 后，自动播放第二次临时停车广播；5 min 后，自动播放第三次临时停车广播。

（2）具备执行远程人工广播功能，显示远程下发的 PIS 信息。

（3）车载 CCTV 实时视频能被调取。

3）综合监控

（1）能手动启动隧道通风模式。

（2）具备对列车远程人工广播、下发 PIS 信息功能。

（3）ISCS 工作站具备设置区间疏散指示方向的功能。

4）通信

（1）具备调取车载 CCTV 功能。

（2）具备对列车远程人工广播功能。

（3）专用调度电话、LTE 手持台提供通信功能。

5）土建与车场工艺

设置区间疏散平台，区间联络通道内应按规范设并列反向开启的防火门，具备疏散导向标识。

二、区间紧急疏散

1. 场景描述

当因各种原因导致列车在区间迫停，危及乘客安全，需要立即疏散车上乘客。

2. 基本处置程序

（1）FAM 调可通过 CCTV 观察列车车内情况，可对列车进行广播，发送紧急文本信息。

（2）FAM 调确认列车迫停位置，确认疏散方向，并通知两端车站。

（3）FAM 调通知列管员打开疏散平台侧的车门，引导乘客从有疏散平台侧的车门疏散。

（4）乘客紧急手柄旋至申请后，FAM 调在中央 ATS 工作站操作同意车门解锁，乘客手动拉开车门。

（5）FAM 调扣停后方列车及视情况扣停邻线列车。

（6）列管员引导乘客从有疏散平台侧的车门疏散，站务人员在指定位置接应疏散乘客从站台门端门引导至站台。

（7）区间恢复运营后，FAM 调通知列管员接管列车进行巡道。

3. 功能分配

1）信号

仅能远程授权解锁疏散平台侧车门。

2）车辆

（1）具备执行远程人工广播功能，显示远程下发的 PIS 信息。

（2）车载 CCTV 实时视频能被调取。

3）综合监控

（1）具备手动启动隧道通风模式功能。

（2）具备对列车远程人工广播、下发 PIS 信息功能。

（3）具备设置区间疏散指示方向的功能。

4）通信

（1）具备调取车载 CCTV 功能。

（2）具备对列车远程人工广播功能。

（3）专用调度电话、LTE 手持台提供通信功能。

5）土建与车场工艺

设置区间疏散平台，区间联络通道内应按规范设并列反向开启的防火门，具备疏散导向标识。

第八节　正线列车救援

一、场景描述

当正线列车发生故障无法动车时，需组织救援。

二、基本处置程序

（1）当故障车需救援时，FAM 调确定救援列车与救援方式，对救援车执行扣车清客。

（2）FAM 调可通过远程广播、发布车载 PIS 信息告知故障车乘客。

（3）FAM 调通知列管员接管救援车、故障车。

（4）列管员根据 FAM 调指令驾驶列车接近故障车后转为 URM 模式连挂故障车。

（5）连挂完成后，列管员根据 FAM 调指令推进或牵引故障车至就近站台清客。

（6）故障车在站台清客后，列管员根据 FAM 调指令推进或牵引故障车直接返回车场或至就近存车线解钩。

三、功能分配

1. 信号

（1）具备对站台或列车设置扣车功能。

（2）中央 ATS 工作站能显示远程操作指令下发后的反馈执行结果。

2. 车辆

（1）车辆的蓄电池应满足至少 45 min 紧急负载工作。

（2）故障车与救援车连挂后，两车列管员之间可通过广播控制盒对讲。

3. 综合监控

（1）具备对列车远程人工广播、下发 PIS 信息功能。

（2）具备调取车载 CCTV 功能。

4. 通信

（1）具备对列车远程人工广播功能。

（2）专用调度电话、LTE 手持台提供通信功能。

（3）具备调取车载 CCTV 功能。

第九节　轨行区抢修作业

一、场景描述

在运营期间，发生如挤岔、断轨、塌方、脱轨、断网等事故导致中断行车，需进入轨行区进行抢修作业。

二、基本处置程序

（1）FAM 调同意抢修人员进入轨行区作业。

（2）车站行值激活相应区域 SPKS 防护开关，抢修人员确认 SPKS 指示灯点亮后，根据 FAM 调指令进入轨行区进行抢修作业。

（3）抢修作业结束后，抢修人员出清轨行区返回车站。

（4）车站行值确认轨行区抢修人员出清后，恢复对应 SPKS，并汇报 FAM 调。

（5）FAM 调组织该区段恢复正常行车。

三、功能分配

1. 信号

（1）为每个站台的每个区间下轨行区入口设置一个 SPKS，为正线每个站的存车线区域设置单独的 SPKS。

（2）在车控室 IBP 盘设置 SPKS 防护开关。

（3）ATS 工作站界面上能预览及显示 SPKS 激活状态和 SPKS 激活后的防护范围。

（4）每个防护区域入口设置 SPKS 指示灯，SPKS 激活后封锁对应的区域，禁止区域外的列车进入，禁止区域内的列车移动，经过一定时间确保 SPKS 防护区域内列车已停稳且不会有列车闯入，点亮防护区域入口处 SPKS 指示灯。

（5）能在收到列车的脱轨报警信息后施加紧急制动。

2. 车辆

具备脱轨探测功能，脱轨后自动触发紧急制动，并将脱轨报警信息发送给信号系统。

3. 综合监控

（1）进入轨行区入口处设置门禁。

（2）中央与车站 ISCS 工作站具备调用 CCTV 功能。

4. 通信

（1）专用调度电话、LTE 手持台提供通信功能。

（2）地面 CCTV 覆盖正线关键区域：正线所有道岔、区间人防门、防淹门、联络线、存车线、联络通道、区间集水坑、端门外延伸走廊处。

（3）中央与车站具备调用 CCTV 功能。

5. 土建与车场工艺

进入轨行区入口处设置防护门。

第十节 人员侵入场段轨行区

一、场景描述

运营期间在车场发现有人员侵入轨行区。

二、基本处置程序

1. 非动车作业时

（1）发现人员侵入轨行区时立即取消全自动区域内所有动车作业，激活相应区域 SPKS 防护开关；

（2）确认 SPKS 指示灯点亮后进入轨行区，将侵限人员带离轨行区。

（3）巡查轨行区确认无人员滞留轨行区后恢复 SPKS。

2. 动车作业时

（1）动车作业发现人员侵入轨行区时，立即扣停相关列车，并激活相应区域 SPKS 防护开关。

（2）影响收发车作业时立即汇报 FAM 调。

（3）确认 SPKS 指示灯点亮后进入轨行区，将侵限人员带离轨行区。

（4）巡查轨行区确认无人员滞留轨行区后恢复 SPKS，恢复该区域正常行车组织。

（5）后续第一列车动车作业需有列管员上车人工监控，做好突发事件紧急停车准备。

三、功能分配

1. 信号

（1）为车场每个区间下轨行区入口设置一个 SPKS，为全自动区域每个区域设置单独的 SPKS。

（2）在 DCC IBP 盘设置 SPKS 防护开关。

（3）ATS 工作站界面上能预览及显示 SPKS 激活状态和 SPKS 激活后的防护范围。

（4）每个防护区域入口设置 SPKS 指示灯，SPKS 激活后封锁对应的区域，禁止区域外的列车进入，禁止区域内的列车移动，经过一定时间确保 SPKS 防护区域内列车已停稳且不会有列车闯入，点亮防护区域入口处 SPKS 指示灯。

2. 车辆

列车两端监视轨行区方向设置视频监控。

3. 通信

全自动区域内设置 CCTV 摄像机。

第十一节　场段列车救援

一、场景描述

当车场自动化区域内列车发生故障无法动车时，需进行救援。

二、基本处置程序

（1）当故障车需救援时，场调确定救援列车与救援方式，并通知列管员接管故障车与救援车。

（2）影响收发车作业，立即汇报 FAM 调、维修调度员，并修改出入库计划，必要时人工驾驶列车。

（3）列管员接管列车后，根据场调指令驾驶救援车进行连挂作业。

（4）连挂完成后，列管员根据场调指令推送或牵引故障车运行至指定位置解钩。

三、功能分配

1. 车辆

车辆蓄电池应满足至少紧急负载工作 45 min 要求。

2. 综合监控

具备调取车载 CCTV 功能。

3. 通信

（1）专用调度电话、LTE 手持台提供通信功能。

（2）具备调取车场区域 CCTV 功能。

第十二节　场段轨行区抢修作业

一、场景描述

在运营期间，车场发生如挤岔、断轨、塌方、脱轨、断网等事故导致中断行车，需进入轨行区进行抢修作业。

二、基本处置程序

（1）车场调度员立即汇报 FAM 调、维修调度员，组织抢修人员进入轨行区作业。

（2）车场调度员激活相应区域 SPKS 防护开关，抢修人员确认 SPKS 指示灯点亮后，根据车场调度员指令进入轨行区进行抢修作业。

（3）抢修作业结束后，抢修人员出清轨行区返回 DCC。

（4）车场调度员确认轨行区抢修人员出清后，恢复对应 SPKS，并汇报 FAM 调、维修调度员。

（5）车场调度员组织该区段恢复正常行车。

三、功能分配

1. 信号

（1）为车场每个区间下轨行区入口设置一个 SPKS，为全自动区域每个区域设置单独的 SPKS。

（2）在 DCC IBP 盘设置 SPKS 防护开关。

（3）ATS 工作站界面上能预览及显示 SPKS 激活状态和 SPKS 激活后的防护范围。

（4）每个防护区域入口设置 SPKS 指示灯，SPKS 激活后封锁对应的区域，禁止区域外的列车进入，禁止区域内的列车移动，经过一定时间确保 SPKS 防护区域内列车已停稳且不会有列车闯入，点亮防护区域入口处 SPKS 指示灯。

2. 车辆

具备脱轨探测功能，脱轨后自动触发紧急制动，并将脱轨报警信息发送给信号系统。

3. 综合监控

（1）进入轨行区入口处设置门禁。

（2）中央与车站 ISCS 工作站具备调用 CCTV 功能。

4. 通信

（1）专用调度电话、LTE 手持台提供通信功能。

（2）地面 CCTV 覆盖正线关键区域：正线所有道岔、区间人防门、防淹门、联络线、存车线、联络通道、区间集水坑、端门外延伸走廊处。

（3）中央与车站具备调用 CCTV 功能。

5. 土建与车场工艺

进入轨行区入口处设置防护门。

四、注意事项

（1）SPKS 设置在 DCC。车场调度员将 SPKS 激活，一段时间后，系统点亮相应区域的轨行区入口处的 SPKS 指示灯。相应区域的 SPKS 激活后，CBTC 控制模式下的列车无法进入此区域。

（2）激活 SPKS 前，应确认区域外的列车已经停车，避免 SPKS 激活导致列车紧急制动。

（3）如列车在紧急制动过程中全列车出清 SPKS 防护区域，列车停车后将自动缓解紧急制动，并继续运行。

第四章　智能调度场景设计

智能化、自动化调度是城市轨道交通未来的发展方向。为提高轨道交通系统运营的安全性和可靠性，通过研究综合监控与信号系统的深度互联、高度集成，集智能故障报警系统、故障处置建议、智能小交路、智能套图功能、智能列车批量处理、自动推图、广播等功能于一体，搭建智能调度平台并投入实际应用有利于减少 FAM 调在应急处置中的工作量，提升应急处置能力，提升乘客满意度。

第一节　智能调度场景设计目的、意义

随着轨道交通线网规模的不断扩大，乘客出行效率有效提升，乘客对轨道交通的依赖性日益增强的同时，影响安全及正常运营的设备故障、突发事件等事件也逐渐增多，因而导致列车延误、清客、运营中断等问题造成城市轨道交通秩序受扰，影响乘客出行体验，严重时将导致事故发生。再加上，网络化运营行车密度高、线网互联互通等特点，造成故障事件影响扩大化，随着公众对轨道交通关注度不断增加，运营单位舆论压力有所增大。目前，突发事件及故障的应急处置、行车调整由 FAM 调人工处置。突发事件发生后，FAM 调根据应急预案和现场处置方案牵头处理突发事件，快速判断故障影响并启动相应预案。同时，列管员、车站等多个岗位都会集中向 FAM 调进行反馈，FAM 调根据故障影响及现场汇报采用扣车、跳停、变更交路、加开列车等方式，向各岗位下达行车指令，发布故障影响信息，组织抢修等。FAM 调需在把控好安全的同时做好应急处置及行车调整，最大限度保证运营。突发事件应急处置与 FAM 调的心理素质、经验及业务水平息息相关，且 FAM 调的处置决策直接关系到运营安全。网络化运营下线网设备数量多不统一，技术力量被摊薄等问题在愈发明显，应急处置面临着新的挑战。

第二节　智能调度场景设计主要内容

通过对典型的应急场景、信号与车辆故障案例进行整理，对列车晚点的原因和造成的影响进行讨论分析，归纳总结出故障处置流程与智能提示要点，提出相应的功能分配与实现目标，并基于 CBTC 列车自动控制系统技术及综合监控深度互联，高度集成技术，实现智能调度功能。

一、站台火灾智能控制

1. 场景描述

（1）当车站站台发生火灾，信号系统接收到综合监控发送的站台火灾报警信息后，在中央 ATS 工作站智能调度模块中显示站台火灾报警。FAM 调可通过中央 ATS 工作站智能调度模块人工选择执行或不执行站台火灾智能控制功能。

（2）站台火灾智能控制功能：

中间站站台火灾：相邻车站对应起火车站运行方向的站台自动扣车，起火车站上下行站台执行跳停。

终点站站台火灾：相邻车站对应起火车站运行方向的站台自动扣车，起火车站上下行站台执行跳停；当列车在区间运行且前方即将到达起火终点站，列车跳停起火站台，折返后跳停继续跳停终点站。

2. 基本处置程序

当车站站台发生火灾，中央 ATS 工作站弹出车站火灾窗口，如“××站台火灾”；FAM 调勾选需执行相应策略的区间，选择确认按钮后，下发指令；选择取消则放弃操作。

当 FAM 调选择确认按钮后，信号系统自动执行如下行车控制措施，如图 4.1 所示。

1）中间站站台火灾

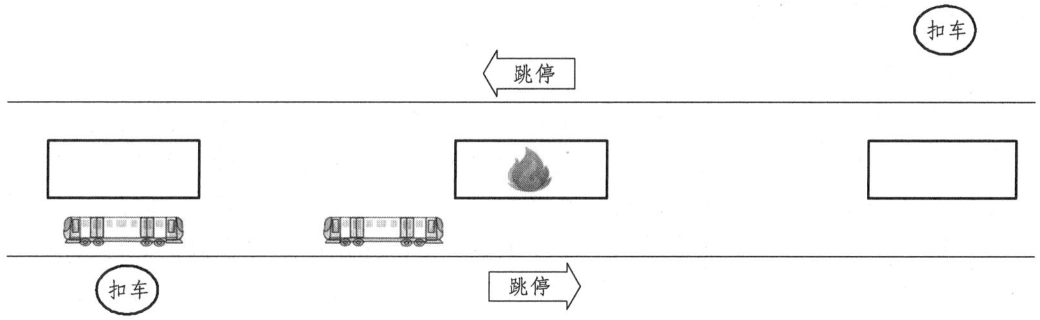

图 4.1　中间站站台火灾自动控制

系统对相邻车站对应起火车站运行方向的站台执行站台扣车，起火车站的上下行站台执行跳停。

（1）如列车正在前往起火车站的区间运行，该列车将跳停起火车站。

（2）如列车正在起火站台停车开关门作业，列车将正常执行开关门，待倒计时结束后关门动车。

2）终点站站台火灾

系统对相邻车站向起火车站方向的站台执行站台扣车，起火车站站台执行跳停如图 4.2 所示。

（1）如 FAM 调执行命令时有列车正在由折返线向起火终点站站台运行，列车将跳停起火车站站台并进行折返，折返后继续跳停起火站台。

（2）如列车正在起火站台停车开关门作业，列车将正常执行开关门，待倒计时结束后关门动车。

（3）当终点站站台火灾时，FAM 调如发现火势已蔓延至轨行区，需通过远程紧急制动或折返信号机转人工以防止列车从折返线折出。

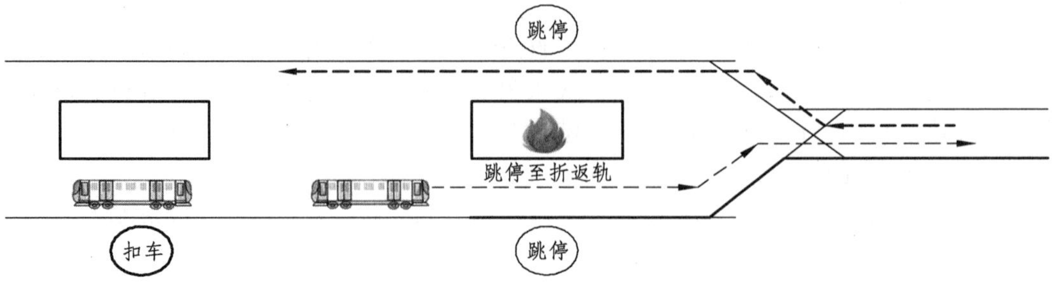

图 4.2　终点站站台火灾自动控制

3. 功能分配

1）信号

中央 ATS 工作站智能调度模块能显示站台火灾报警信息，并能根据人工指令执行或不执行对应站台火灾智能控制的功能。

2）综合监控

能向信号系统发送站台火灾报警信息。

二、站厅火灾智能控制

1. 场景描述

（1）当车站站厅发生火灾，信号系统接收到综合监控发送的站厅火灾报警信息后，在中央 ATS 工作站智能调度模块中显示站厅火灾报警。FAM 调可通过中央 ATS 工作站智能调度模块人工选择执行或不执行站厅火灾智能控制功能。

（2）站厅火灾智能控制功能：如发生站厅火灾，起火车站的站台执行上下行跳停；已在起火车站站台的列车正常执行开关门。当终点站发生站厅火灾时，列车可以跳停终点站，并在折返后继续跳停终点站，如列车正在起火站台停车开关门作业，列车将正常执行开关门，待倒计时结束后关门动车。

2. 基本处置程序

（1）FAM 调确认站厅火势情况。

（2）FAM 调通过中央 ATS 工作站智能调度模块启动站厅火灾智能控制并监视站台火灾智能控制执行状态，如图 4.3 所示。

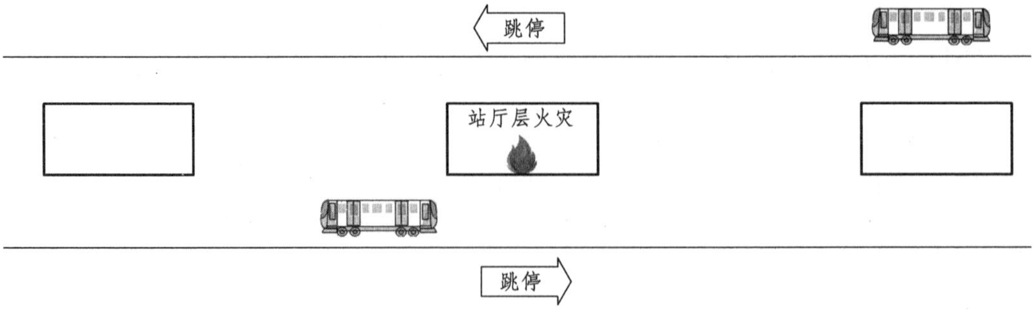

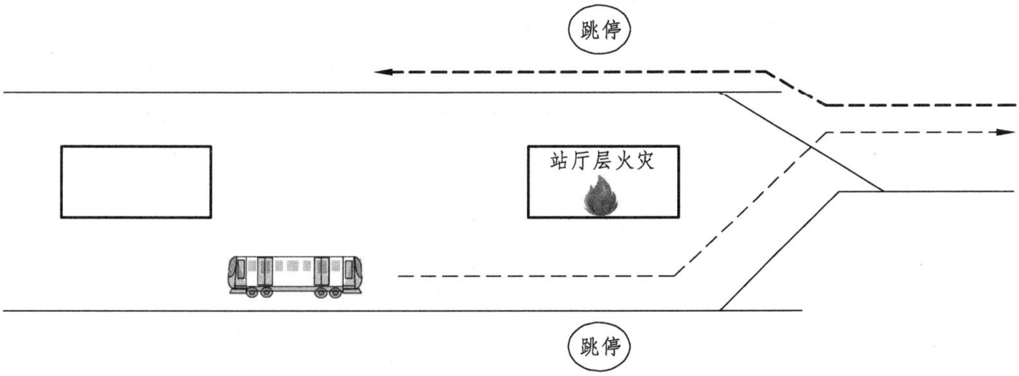

图 4.3　站厅火灾自动控制

（3）FAM 调可根据实际情况人工组织空车前往起火车站站台接驳需要疏散的乘客。

（4）FAM 调人工执行其他必要的行车控制措施。

3. 功能分配

1）信号

中央 ATS 工作站智能调度模块能显示站台火灾报警信息，并能根据人工指令执行或不执行对应站厅火灾智能控制的功能。

2）综合监控

能向信号系统发送站厅火灾报警信息。

三、列车火灾智能控制

1. 场景描述

（1）当列车发生火灾，信号系统接收到车辆发送的列车火灾报警信息后，中央 ATS 工作站智能调度模块中显示列车火灾报警。FAM 调可通过中央 ATS 工作站智能调度模块人工选择执行或不执行列车火灾智能控制功能。

（2）列车火灾智能控制功能，如图 4.4 所示。

起火列车在站台：起火列车执行列车扣车，相邻车站对应起火列车停靠车站运行方向的站台扣车，列车停靠站台的对侧站台执行跳停。

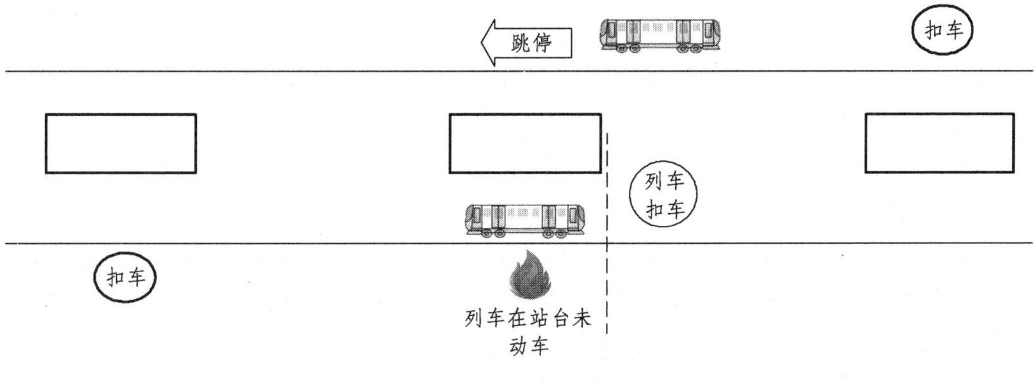

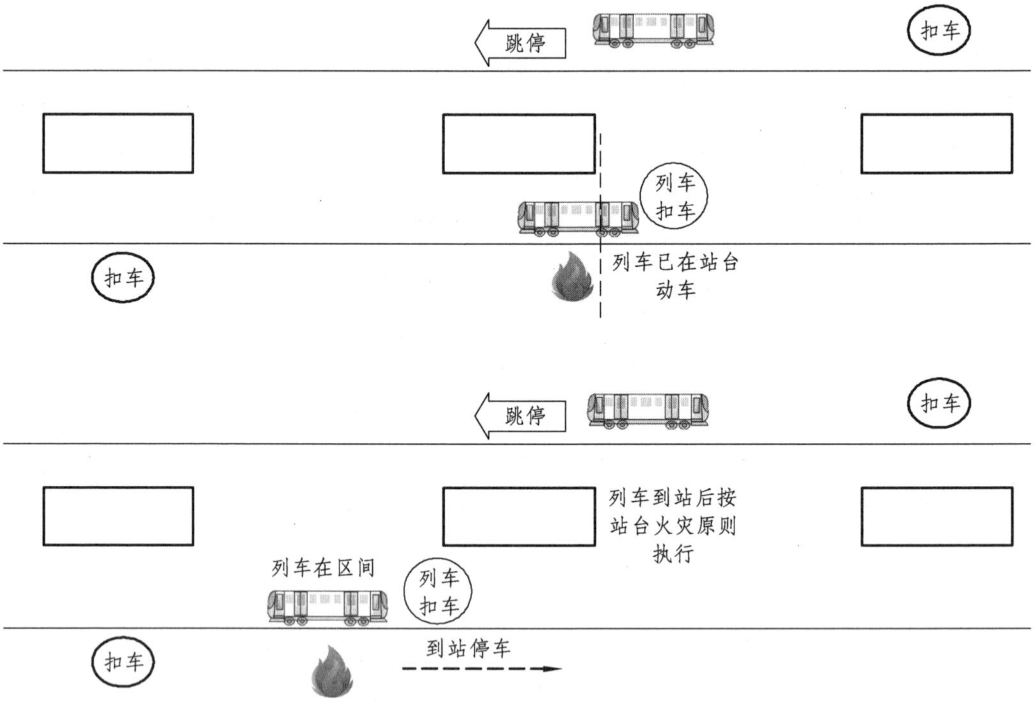

图 4.4 列车火灾智能控制

起火列车正在离开站台或正在区间运行：起火列车执行列车扣车，相邻车站对应起火列车停靠车站运行方向的站台。

2. 基本处置程序

（1）车辆发生火灾后，在中央 ATS 工作站显示具体火灾车厢报警信息，“××车当前运行方向的第×节车厢发生火灾”。

（2）当列车发生火灾后自动执行扣车，中央 ATS 工作站在操作提示窗口列出信息，FAM 调勾选需执行相应策略的列车，选择“确认”按钮后，下发指令；选择“取消”则放弃操作。

（3）如列车发生火灾时在站台未动车，信号系统将该站相邻站向起火站的站台方向执行站台扣车。

（4）如列车发生火灾时已在站台动车或正在区间运行，列车下一停靠站相邻站向起火站的站台方向执行站台扣车。

（5）如列车发生火灾时已处于终点站或已处于到达终点站前的区间，相邻车站向终点站的站台执行站台扣车。

（6）站台扣车可通过 ATS 人工取消，如火灾报警仍存在，FAM 调再次通过人工确认的方式启动自动行车控制。

（7）当信号系统同时收到站台火灾报警信息、站厅火灾报警信息、区间火灾报警信息，FAM 调人工确认选择一种火灾智能控制启动；如 FAM 调人工启动多种火灾智能控制，出现扣车与跳停命令同时存在时，信号系统优先执行扣车。

（8）如火灾列车报警未消除，列车无法人工取消扣车，需列管员手动驾驶列车运行。

3. 功能分配

1）信号

（1）中央 ATS 工作站智能调度模块能显示列车火灾报警信息，并能根据人工指令执行或不执行对应列车火灾智能控制的功能。

（2）信号系统根据车辆火灾报警信息在中央 ATS 工作站显示“××次（××车）当前运行方向的第×节车厢发生火灾”报警信息。

2）车辆

能向信号系统发送列车火灾报警信息。

四、区间火灾智能控制

1. 场景描述

（1）当区间发生火灾，信号系统接收到综合监控发送的区间火灾报警信息后，在中央 ATS 工作站智能调度模块中显示区间火灾报警。FAM 调可通过中央 ATS 工作站智能调度模块人工选择执行或不执行区间火灾智能控制功能。

（2）区间火灾智能控制功能，如图 4.5 所示，上下行运行方向进入起火区间的对应站台执行站台扣车，已在站台停车的列车自动打开车门不关闭。

① 如列车正在离开站台或列车正在起火区间运行，列车将执行列车扣车并运行至前方站停车开门。

② 如出入段线（包含终点站折返区域）发生区间火灾，终点站上下行站台自动执行站台扣车。

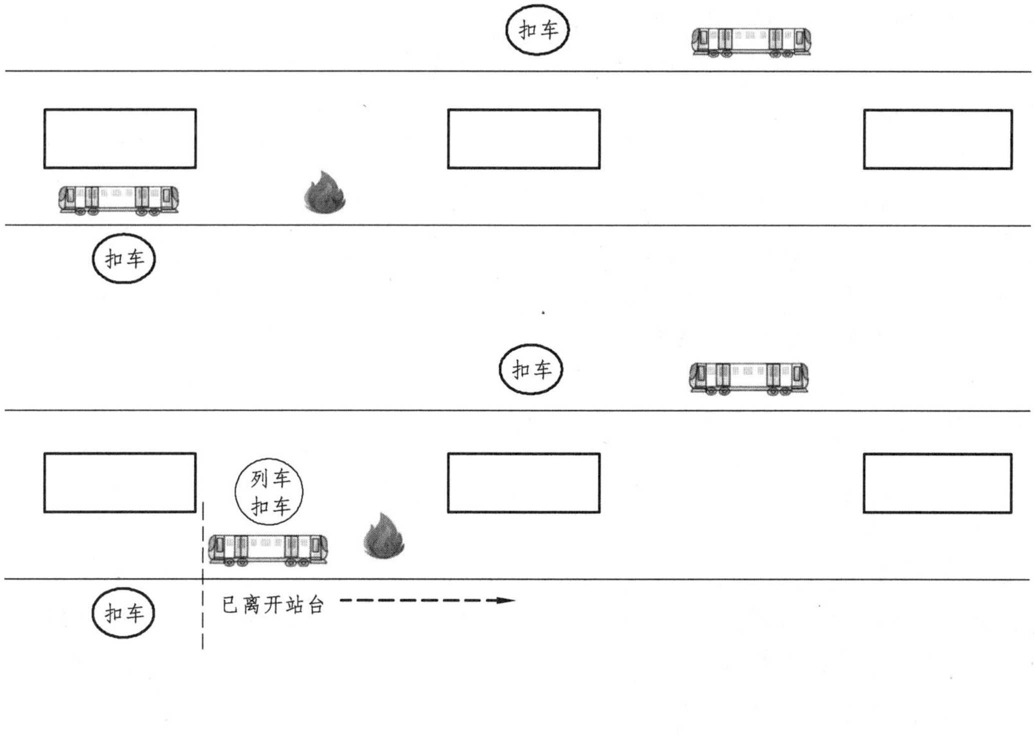

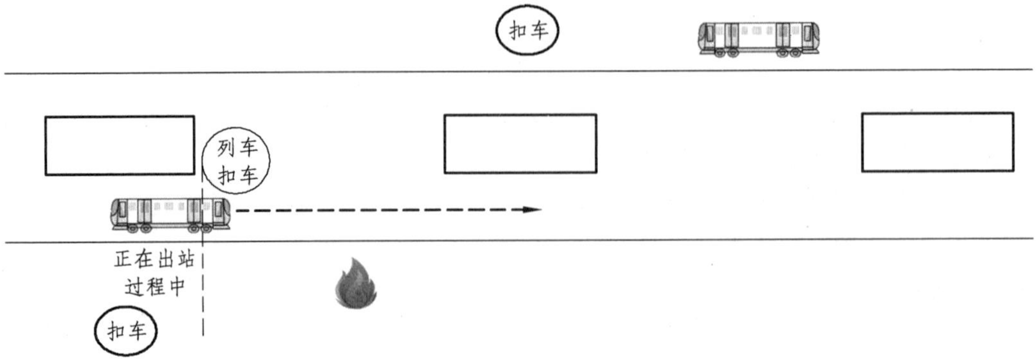

图 4.5　区间火灾智能控制

2. 基本处置程序

（1）FAM 调通过中央 ATS 工作站智能调度模块启动区间火灾智能控制并监视区间火灾智能控制执行状态。

（2）信号系统对该区间相关两端，向区间运行方向的站台执行站台扣车。

（3）如信号系统收到出入段线（包含终点站折返区域）区间火灾报警信息，经 FAM 调人工确认后，系统自动执行终点站上下行站台扣车。

（4）站台扣车与列车扣车可通过 ATS 人工取消，如火灾报警仍存在，FAM 调再次通过人工确认的方式启动自动行车控制。

（5）信号系统同时收到站台火灾报警信息、站厅火灾报警信息、区间火灾报警信息，需 FAM 调人工确认选择一种火灾智能控制启动；如 FAM 调人工启动多种火灾智能控制，出现扣车与跳停命令同时存在时，信号系统优先执行扣车。

（6）FAM 调立即派遣多职能队员确认区间状态及列车状态。

（7）FAM 调人工执行其他必要的行车控制措施。

3. 功能分配

1）信号

（1）中央 ATS 工作站智能调度模块能显示列车火灾报警信息，并能根据人工指令执行或不执行对应列车火灾智能控制的功能。

（2）信号系统根据车辆火灾报警信息在中央 ATS 工作站显示“××次（××车）当前运行方向的第×节车厢发生火灾”报警信息。

2）车辆

能向信号系统发送列车火灾报警信息。

五、典型故障智能提示

1. 场景描述

当发生信号故障（如 ZC 故障、道岔故障、DCS 故障、联锁故障）可以给予 FAM 调处置建议；当发生车辆故障（牵引故障、制动故障、车门故障），车辆可以自动执行旁路、复位、隔离，或经 FAM 调人工确认执行。

2. 基本处置程序

当发生典型故障时，中央 ATS 工作站弹出智能提示窗口，提示 FAM 调故障处置重点（弹窗关闭后仍可人工调用），FAM 调根据提示进行相应处置。

典型故障包含：

① ZC 故障。

② 道岔故障。

③ 联锁故障。

④ 列车受电弓姿态异常报警。

⑤ 列车总风缸低压故障。

⑥ 列车空压机故障。

⑦ 列车机械制动无法缓解故障。

⑧ 列车机械制动无法施加故障。

⑨ 列车牵引逆变器故障。

⑩ 列车车门“关闭且锁闭”状态丢失故障。

⑪ 列车蓄电池充电机故障。

⑫ 列车辅助逆变器故障。

3. 功能分配

1）信号

（1）当收到典型故障信息时，中央 ATS 工作站能显示智能提示窗口，窗口中显示故障处置重点。

（2）中央 ATS 工作站弹窗提示信息关闭后仍能被人工调用。

2）车辆

车辆能根据协议向信号系统发送车辆典型故障报警信息。

六、典型故障智能处置

1. 场景描述

当车辆发生故障时，中央 ATS 工作站智能调度模块显示处置提示，经 FAM 调人工确认后，信号系统自动对列车执行远程旁路、远程故障复位、远程关键断路器复位。

1）智能远程旁路

信号系统收到车辆总风缸低压故障信息后，在中央 ATS 工作站智能调度模块显示信息，提示调度是否需要总风压力可用旁路；经 FAM 调人工确认，车辆自动执行远程旁路。

2）智能远程故障复位

信号系统收到车辆对应设备自动复位失败信息后，在中央 ATS 工作站智能调度模块显示信息，提示调度是否需要执行故障复位操作；经 FAM 调人工确认，信号系统向车辆发送对应设备远程故障复位指令，车辆执行对应设备系统故障复位。

智能远程故障复位包含：

（1）列车牵引/辅逆逆变器/蓄电池充电机故障复位。

（2）列车火灾报警系统故障复位。

3）智能远程关键断路器复位

信号系统收到车辆关键断路器自动复位失败信息后，在中央 ATS 工作站智能调度模块显示信息，提示调度是否需要执行关键断路器复位操作；经 FAM 调人工确认后，信号系统向车辆发送对应关键断路器远程复位指令，车辆执行对应关键断路器复位。

2. 基本处置程序

当车辆发生故障时，中央 ATS 工作站智能调度模块显示处置提示，经 FAM 调人工确认后信号系统自动对列车执行远程旁路、远程故障复位、远程关键断路器复位，火灾报警系统故障远程复位。

3. 功能分配

1）信号

（1）能根据车辆故障信息在中央 ATS 工作站智能调度模块提示智能处置信息并在经人工确认后能正确响应。

（2）能根据协议向车辆发送远程故障复位指令、远程关键断路器复位指令、远程旁路指令。

2）车辆

能根据协议向信号系统发送总风缸低压故障信息、设备自动复位失败信息、关键断路器自动复位失败信息。

七、智能套图

1. 场景描述

因故障导致运行图秩序混乱，FAM 调可通过中央 ATS 工作站执行智能套图，功能窗口中排列出当前在线列车运行顺序并提示 FAM 调当前与加载时刻表最接近的列车位置。FAM 调通过功能窗口设置列车次序并确认后，信号系统自动与当前时刻表进行车次号、行程号匹配。

2. 基本处置程序

当 FAM 调需要智能套图时，在中央 ATS 工作站选择套图功能，系统弹出窗口，窗口内排列出当前在线列车运行顺序，窗口内可提示与当前加载时刻表最接近的列车位置，FAM 调通过窗口设置列车次序，并按顺序设置确认，信号系统自动与当前时刻表进行车次、行程匹配。

3. 功能分配

信号：中央 ATS 工作站具备智能套图功能。

八、智能列车批量处理

1. 场景描述

因行车调整，FAM 调需要同时对正线多列车进行同一命令时，可通过中央 ATS 工作站同时对多列车设置列车扣车或多站台设置站台扣车与增减站停时间。

2. 基本处置程序

（1）FAM 调可通过中央 ATS 工作站同时对多列车设置列车扣车。

（2）FAM 调可通过中央 ATS 工作站同时对多站台设置站台扣车与增加或缩短站停时间。

3. 功能分配

信号：

（1）具备对多列车同时下发列车扣车功能。

（2）具备对多站台同时下发站台扣车功能。

（3）具备对单列车多站台同时下发站台增加或减少站停时间功能。

九、智能小交路

1. 场景描述

FAM 调因线路设备故障需进行行车交路调整时，可通过中央 ATS 工作站选择需开行的小交路，设置成功后到达小交路折返站台的列车自动匹配小交路目的地码，并在新目的地码终点站自动执行清客，并联动车载 PIS 与 PA。

2. 基本处置程序

当需要执行小交路时，FAM 调通过中央 ATS 工作站设置自动调整方式为等间隔调整，再通过中央 ATS 工作站选择需开行的小交路，信号系统识别并提示 FAM 调所选择智能小交路区域内的所有列车及小交路区域外的所有列车。人工确认成功后所选智能小交路区域内列车自动匹配小交路目的地码，并在新目的地码终点站自动执行清客，并联动车载 PIS 与 PA。

不在所选智能小交路区域的列车需要 FAM 调人工变更行车计划。需要取消智能小交路时，可通过 ATS 菜单取消智能小交路。

3. 功能分配

信号：

（1）中央 ATS 工作站具备智能小交路功能。

（2）更新交路后的列车到达终点站时，信号系统能向地面 PIS 与车载 PIS 发送清客触发信息。

十、智能指标统计

1. 场景描述

信号系统具备线路运输指标自动统计功能，信号系统自动统计列车正晚点、运行图兑现率等信息。

2. 基本处置程序

FAM 调可根据需要在中央 ATS 工作站查看正线列车晚点率及兑现率。

3. 功能分配

信号：具备指标统计功能。

十一、车场智能备车替开

1. 场景描述

（1）出入库计划内主用车唤醒失败，信号系统提醒场调替换备车，并在场调人工确认后自动执行替换。

（2）如 B 轨列车因 A 轨列车唤醒失败导致无法发车时，信号系统提示场调替换备用车，并在场调人工确认后自动执行替换。

2. 基本处置程序

（1）场调通过车场 ATS 工作站编制出入库计划并设置备用车。

（2）主用车唤醒失败后，场调根据信号系统提示人工确认执行替换备用车，并通过车场 ATS 工作站监视备用车替开状态。

（3）如 B 轨列车因 A 轨列车唤醒失败导致无法发车时，信号系统在列车发车倒计时为 0 时，提示场调替换备用车，并在场调人工确认后自动执行替换。场调根据系统提示替换备用车。

3. 功能分配

信号：

（1）主用车唤醒失败后，信号系统提醒场调替换备车，并在场调人工确认后自动执行。

（2）车场 ATS 工作站能显示无备用车替开或备用车无法执行出库计划的报警信息。

（3）如 B 轨列车因 A 轨列车唤醒失败导致无法发车时，信号系统能提示场调替换备用车，并在场调人工确认后自动执行替换。

第三节　智能调度场景设计创新点

通过对轨道交通运营调整手段的分析，制订行车调整方案，开发信号系统智能小交路、智能套路功能、智能备车替开等功能，用于日常行车组织或应急情况下的智能行车调整，以达到减少 FAM 调人工操作，提高行车组织效率的目的。

通过对轨道交通行业典型的突发事件、信号与车辆设备故障案例进行整理，对列车晚点的原因和造成的影响进行讨论分析，归纳故障处置要点，形成预案，并引入应急处置决策支持的设计，通过综合监控与信号系统的深度互联、高度集成，在现有的信号系统功能的基础上实现智能故障报警系统、故障处置重点提示、智能列车批量处理、自动推图、广播等功能集于一体，提出搭建智能调度平台的构想并予以实现，投入实际运用中，达到提高应急反应能力、提高运营效率等目的。

第五章　系统接口

全自动运行系统接口设置基于运营场景需求，是全自动运行系统设计的重要组成部分。

全自动运行系统接口包含了信号、车辆、综合监控、通信、站台门等系统，规定了系统之间的接口需求、接口连接、交互数据及接口功能。

第一节　接口定义

一、接口范围

全自动运行系统接口涉及信号、车辆、综合监控、通信、站台门等系统，描述了系统间主要的接口。

二、接口总览

全自动运行系统信号、车辆、综合监控、通信、站台门等系统之间的接口关系如图 5.1 所示，图中“IF”标识代表的是各主要系统之间的接口编号。

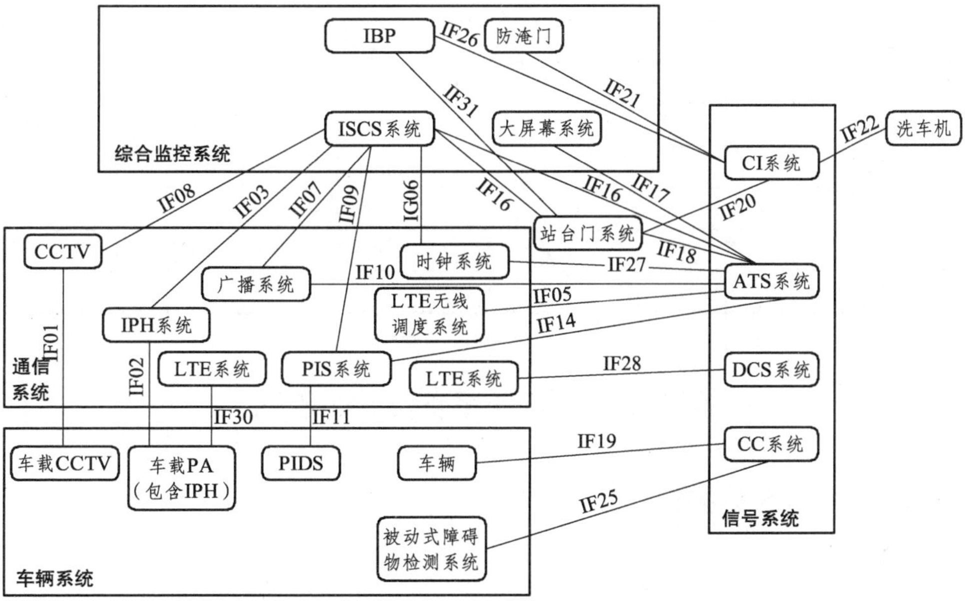

图 5.1　宁波轨道交通全自动运行系统接口总览图

三、接口列表

全自动运行系统信号系统、车辆系统、综合监控系统、通信系统、站台门系统等之间的接口列表如表 5.1 所示。

表 5.1 全自动运行系统接口列表

序号	接口编号	接口名称	接口类别	接口类型
1	IF01	地面 CCTV—车载 CCTV	通信系统—车辆系统	—
2	IF02	IPH—车载 PA	通信系统—车辆系统	以太网
3	IF03	综合监控—IPH	综合监控—通信系统	以太网
4	IF05	ATS—专用无线	信号系统—通信系统	以太网
5	IF06	综合监控—时钟	综合监控—通信系统	串口
6	IF07	综合监控—广播	综合监控—通信系统	以太网
7	IF08	综合监控—地面 CCTV	综合监控—通信系统	以太网
8	IF09	综合监控—地面 PIS	综合监控—通信系统	以太网
9	IF10	ATS—广播	信号系统—通信系统	以太网
10	IF11	地面 PIS—PIDS	通信系统—车辆系统	以太网
11	IF14	ATS—地面 PIS	信号系统—通信系统	以太网
12	IF15	ATS—综合监控	信号系统—综合监控	以太网
13	IF16	综合监控—站台门	综合监控—站台门	以太网
14	IF17	ATS—大屏幕系统	信号系统—综合监控	以太网
15	IF18	ATS—站台门	信号系统—站台门	串口
16	IF19	CC—车辆系统	信号系统—车辆系统	MVB 总线 硬线
17	IF20	CI—站台门	信号系统—站台门	硬线
18	IF21	CI—防淹门	信号系统—综合监控	硬线
19	IF22	CI—洗车机	信号系统—车辆段工艺	硬线
20	IF25	CC—被动式障碍物检测	信号系统—车辆系统	硬线
21	IF26	CI—IBP 盘	信号系统—综合监控	硬线
22	IF27	ATS—时钟	信号系统—通信系统	串口
23	IF28	DCS—LTE	信号系统—通信系统	以太网
24	IF30	车载 PA—无线车载台	车辆系统—通信系统	音频接口
25	IF31	综合监控 IBP—站台门	综合监控系统—站台门	硬线

第二节 信号系统相关接口

一、ATS 与 ISCS 的接口（IF15）

1. 交互数据

信号系统（ATS）向综合监控系统发送以下信息：

① 列车运行信息、列车位置信息、列车在区间的阻塞信息。

② 车载 CCTV 需要联动的告警信息，如受电弓姿态异常报警，受电弓发生脱网故障，车门无法正常开启、关闭及一扇或多扇门故障，列车运行过程中车门关闭且锁闭状态丢失，检测到驾驶台或者电气屏柜打开、车辆紧急手柄激活、站台 ESB 激活、车辆火灾系统报警、正线列车救援、车辆基地列车救援等。

③ 车站广播和乘客信息系统所需要的信息。

④ 当天使用的时刻表的全部信息。

⑤ 信号系统主要设备状态及重大故障信息。

⑥ 车门状态信息（故障、防夹、隔离）。

⑦ 紧急对讲。

⑧ 车门解锁装置。

⑨ 紧急停车按钮。

⑩ 列车火灾。

⑪ 列车唤醒。

⑫ 列车休眠。

⑬ 向大屏显示系统提供显示信息、控制信息、画面。

综合监控系统向信号系统（ATS）发送以下信息：

① 牵引供电各供电分段的相关状态信息。

② 车站 FAS 的相关状态信息。

③ 区间上下行 FAS 的相关状态信息。

④ AFC 客流信息。

2. 接口界面

（1）列车自动监控（ATS）与综合监控（ISCS）系统的接口位置在控制中心/备用控制中心弱电综合设备室内综合配线架外侧。

（2）从综合监控系统到 ATS 系统的接口是冗余的（正常/备用）以太网接口。如图 5.2 所示。

3. 接口类型

ATS 系统与综合监控系统采用冗余的（正常/备用）网口连接，接口类型为 RJ45。

二、CI 与 IBP 盘的接口（IF26）

1. 交互数据

（1）信号向 IBP 盘发送有关的显示及报警信息。

（2）IBP 盘向信号系统发送有关的操作指令，包括：SPKS、ESB、计轴复位。

2. 接口界面

信号系统与综合监控系统的接口位置位于车站控制室 IBP 盘接线端子排外侧，如图 5.3 所示。

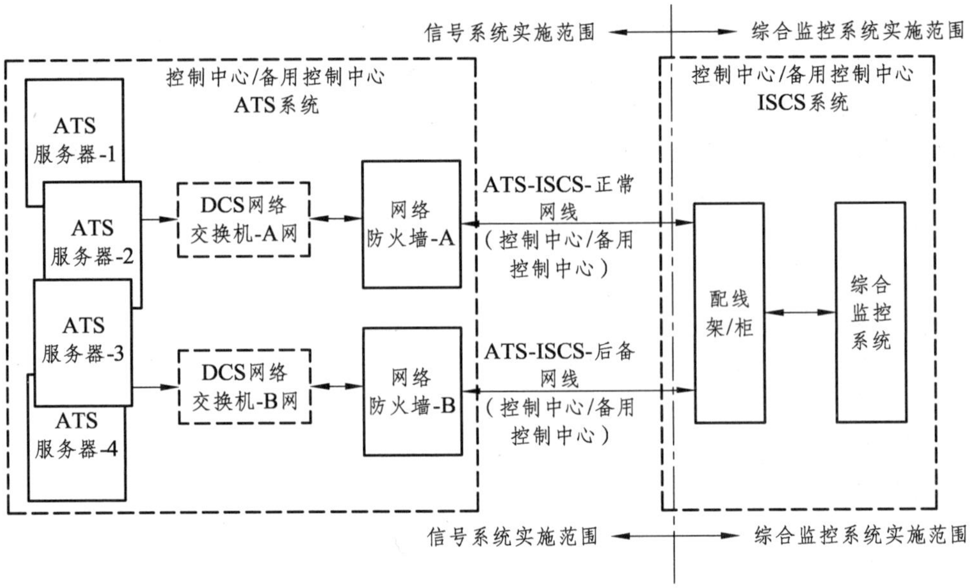

图 5.2　信号系统与综合监控系统接口示意图

注：1. 控制中心设置 ATS 服务器 1、ATS 服务器 2；

2. 备用控制中心设置 ATS 服务器 3、ATS 服务器 4；

3. 控制中心和备用控制中心均设置 A/B 网防火墙，控制中心 ISCS 在控制中心接入信号系统，备用控制中心 ISCS 在备用控制中心接入信号系统，控制中心和备用控制中心的信号系统网络互通。

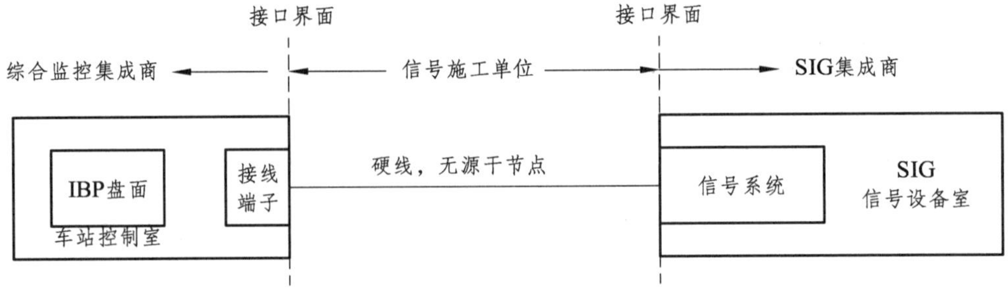

图 5.3　IBP 与 CI 接口界面示意图

3. 接口类型

联锁子系统通过继电电路实现与 IBP 盘的接口。对应 IBP 盘上的每个按钮设置相应的按钮继电器，由联锁子系统采集该继电器的状态信息，实现联锁控制。

三、CI 与防淹门的接口（IF21）

1. 交互数据

（1）信号系统向防淹门系统发送“允许关闭防淹门命令”。

（2）防淹门系统向信号系统发送“防淹门的门状态信息”“关门请求”。

2. 接口界面

信号系统与防淹门的接口位置位于防淹门系统防淹门 PLC 柜端子排外线侧，如图 5.4 所示。

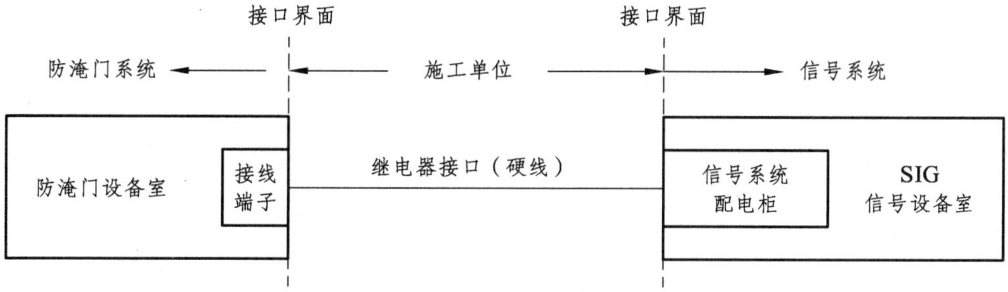

图 5.4　CI 与防淹门接口界面示意图

3. 接口类型

SIG 与防淹门的接口采用继电方式，继电器采用安全继电器。

信号系统与防淹门系统之间的接口信号均相互提供两组干接点，接口电路采用安全型继电“双断”设计，遵循谁采集干接点信息谁提供电源的原则，接口电源采用 DC 24 ~ 60 V 可调电源。上下行侧电源分开独立提供。

四、ATS 与大屏幕系统的接口（IF17）

1. 交互数据

（1）信号系统向大屏显示系统提供显示信息、控制信息、画面及相关软件等。

（2）大屏系统接收信号系统提供的信息。

2. 接口界面

大屏幕系统和信号系统（ATS）的接口分界点位于控制中心调度大厅大屏幕显示系统控制柜（网络柜）配线架外线侧或大屏接口设备通信出口处。

从大屏幕系统到 SIG（ATS）系统的接口是冗余以太网接口，如图 5.5 所示。

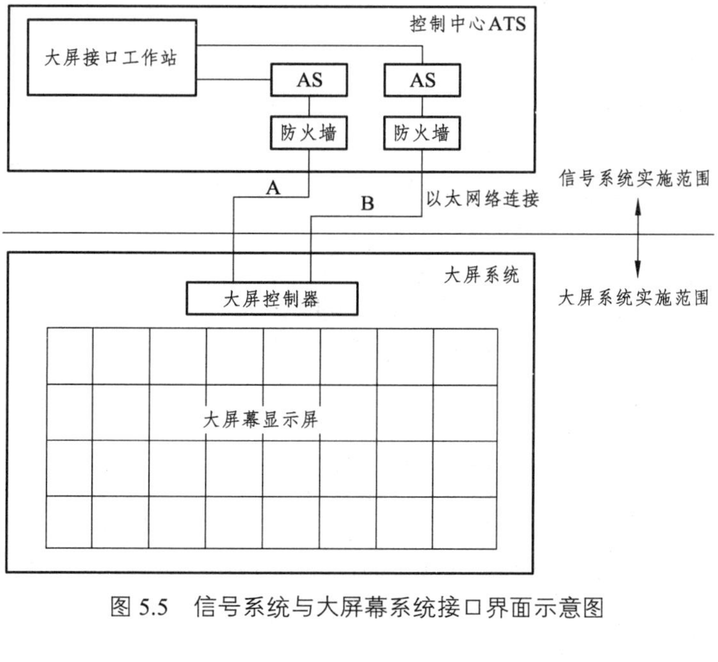

图 5.5　信号系统与大屏幕系统接口界面示意图

3. 接口类型

从信号系统交换机到大屏控制器的物理连接是以太网线。

五、CI 与站台门的接口（IF20）

1. 交互数据

（1）CI 向站台门发送“开门命令”和“关门命令”。

（2）站台门向 CI 发送“关闭且锁紧”和“互锁解除”状态信息。

2. 接口界面

信号系统联锁与站台门系统的接口位置位于各站的站台门系统设备控制室内中央控制盘端子排，信号系统提供两个系统间连接电缆及其安装连接附件，如图 5.6 所示。

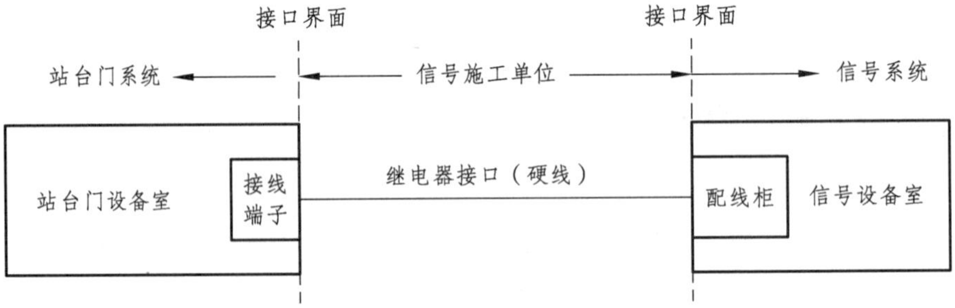

图 5.6　信号系统与站台门系统接口界面示意图

3. 接口类型

信号系统与站台门系统分别为每个信号提供两组干接点信息作为对方的采集条件。

采集信息为 24 ~ 60 V 的直流弱电信号，电流大于 4 mA 且小于 500 mA，采用使用方供电的原则。

接口电路采用双断控制方式。

接口电路设计符合故障-安全原则。

六、ATS 与站台门的接口（IF18）

1. 交互数据

（1）ATS 向站台门发送“隔离命令”“信息接收确认”“车门隔离信息”。

（2）站台门向 ATS 发送“隔离状态”“故障状态”“防夹状态”。

2. 接口界面

ATS 与站台门系统（PSD）的接口界面划分如图 5.7 所示。

3. 接口类型

ATS 和站台门系统的接口采用 RS485 冗余（正常/备用）串口连接。

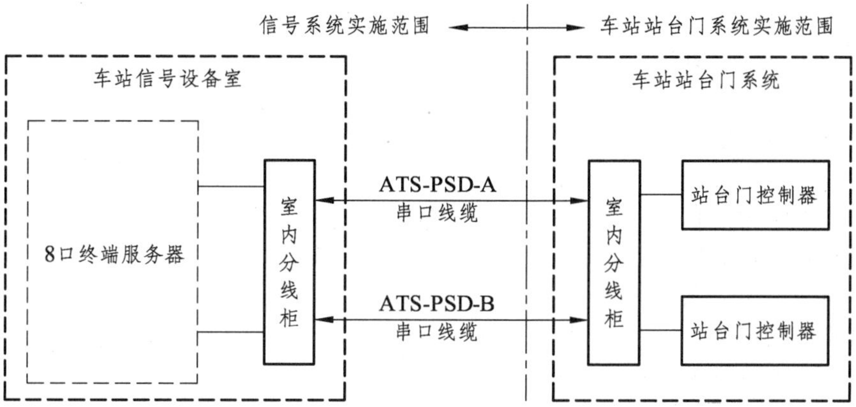

图 5.7　ATS 系统与站台门系统接口界面示意图

七、CC 与车辆系统的接口（IF19）

1. 交互数据

CC 向车辆系统发送以下信息：

① 虚拟钥匙激活。
② ATO 发车指示灯状态。
③ 折返指示灯状态。
④ FSB 全常用制动施加。
⑤ EBR 安全制动正环路。
⑥ EBR 安全制动负环路。
⑦ 保持制动施加。
⑧ 受电弓允许信号。
⑨ 车门使能信号。
⑩ 车门操作信号。
⑪ 休眠指令。
⑫ 唤醒指令。
⑬ 客室门解锁允许信息。
⑭ 远程旁路。
⑮ 主风缸低压故障旁路。
⑯ 蠕动指令。
⑰ FAM 模式。
⑱ 跳跃指令。
⑲ 方向向前指令。
⑳ 方向向后指令。
㉑ 启动警示灯指令。
㉒ ATO 控车指令。
㉓ 牵引逆变器使能。
㉔ ATO 制动。
㉕ ATO 牵引。

㉖ 后备控车接口。

车辆系统向 CC 发送以下信息：

① 驾驶室激活状态。

② 钥匙信号激活信息。

③ 司控器位置信息。

④ 方向手柄位置信息。

⑤ 驾驶模式升降级信息。

⑥ ATP 切除旋钮信息。

⑦ 司机确认按钮信息。

⑧ 车门状态旁路开关信息。

⑨ 车门使能旁路开关信息。

⑩ 车门模式旋钮信息。

⑪ 车门操作按钮信息。

⑫ 障碍物检测设备旁路旋钮信息。

⑬ 脱轨检测设备旁路旋钮信息。

⑭ ATO 按钮信息。

⑮ 折返按钮信息。

⑯ FAM 模式选择旋钮信息。

⑰ 紧急制动已施加。

⑱ 保持制动已施加。

⑲ 制动重故障状态。

⑳ 唤醒按钮状态。

㉑ 低压上电检测结果。

㉒ 休眠按钮状态。

㉓ 蓄电池欠压信号。

㉔ 车门关闭且锁闭信号。

㉕ 客室门紧急手柄激活信息。

㉖ 烟火报警信息。

㉗ 障碍物检测信息。

㉘ 脱轨检测信息。

㉙ 列车完整性。

㉚ 牵引逆变器使能已切除。

2. 接口界面

车载 CC 与车辆接口界面如图 5.8 所示。

3. 接口类型

车载 ATP/ATO 设备采集车辆状态，采用继电器触点信号。

对于安全关键输入继电器触点信号，车辆提供 2 组触点，且触点来源于两组独立继电器。对于非安全关键输入继电器触点信号，车辆提供 1 组触点。

信号系统和车辆系统网络接口采用 MVB 总线方式。

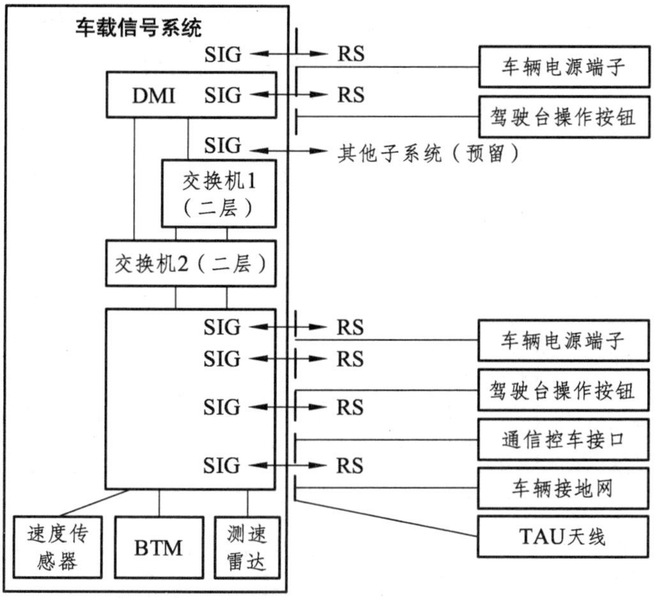

图 5.8　车载 CC 与车辆接口界面示意图

八、CC 与被动式障碍物检测系统的接口（IF25）

1. 交互数据

被动式障碍物检测系统将是否已接触障碍物的状态发送给 CC。

2. 接口界面

CC 与被动式障碍物检测系统的接口界面划分如图 5.9 所示。

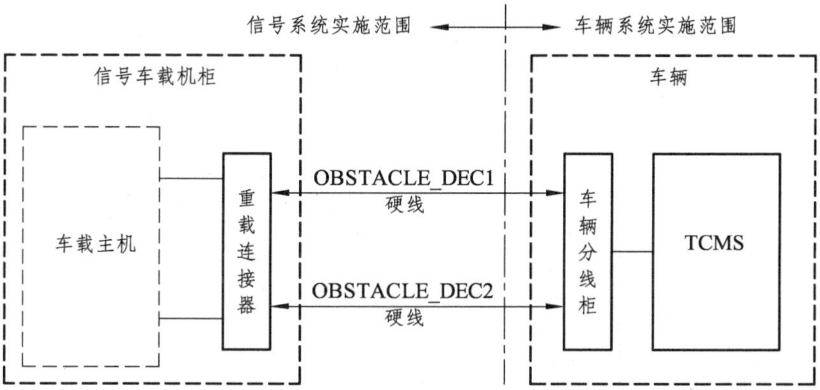

图 5.9　CC 系统与被动式障碍物检测系统接口界面示意图

3. 接口类型

CC 与被动式障碍物检测系统通过硬线连接。

九、DCS 与 LTE 系统的接口（IF28）

1. 交互数据

LTE 系统为 DCS 提供车地无线通信通道。

DCS 系统的网管系统与通信系统的网管系统进行接口，通信系统的网管系统给 DCS 系统网管系统提供通信系统中与信号系统相关的轨旁和车载通信设备的工作状态。

2. 接口界面

DCS 系统与 LTE 系统的接口界面分为安全网和非安全网两种，其接口划分如图 5.10 和图 5.11 所示。

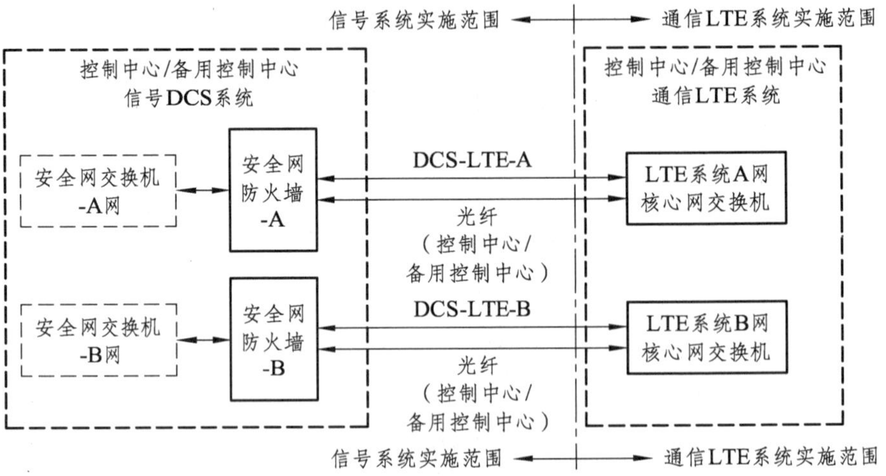

图 5.10　信号系统 DCS 安全网与通信 LTE 系统接口示意图

注：1. 控制中心通信 LTE 系统在控制中心接入信号系统，备用控制中心通信 LTE 系统在备用控制中心接入信号系统。
2. 控制中心和备用控制中心的信号系统网络互通。
3. 控制中心和备用控制中心均设置 A/B 网防火墙。

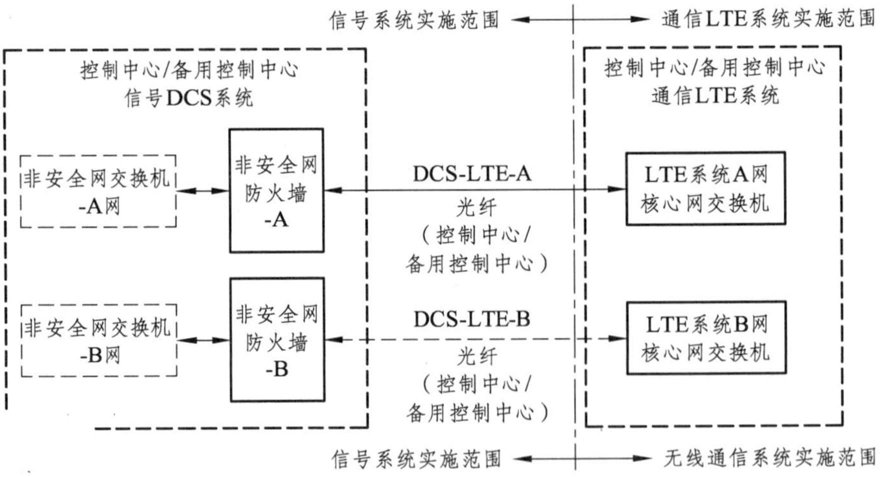

图 5.11　信号系统 DCS 非安全网与通信 LTE 系统接口示意图

注：1. 控制中心通信 LTE 系统在控制中心接入信号系统，备用控制中心通信 LTE 系统在备用控制中心接入信号系统。
2. 控制中心和备用控制中心的信号系统网络互通。
3. 控制中心和备用控制中心均设置 A/B 网防火墙。

3. 接口类型

DCS 系统与通信系统采用冗余以太网接口，以太网接口满足 GB/T 15629.3 要求。

十、ATS 系统与专用无线系统的接口（IF05）

1. 交互数据

ATS 向专用无线系统发送正线及场段列车的位置信息。

2. 接口界面

ATS 系统与专用无线系统接口界面如图 5.12 所示。

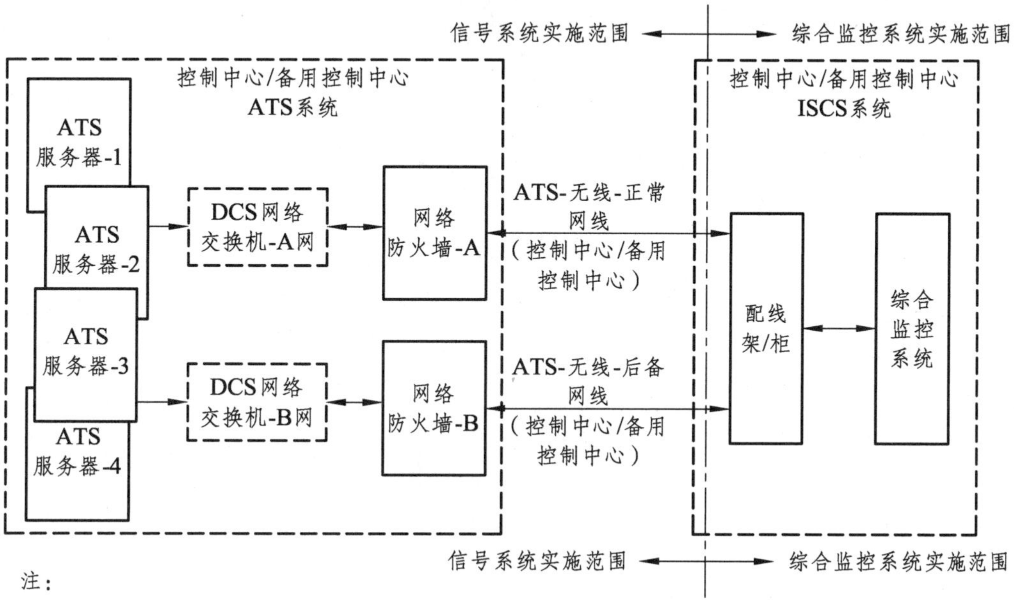

图 5.12 ATS 系统与专用无线系统接口界面示意图

注：1. 控制中心设置 ATS 服务器 1、ATS 服务器 2。
2. 备用控制中心设置 ATS 服务器 3、ATS 服务器 4。
3. 控制中心和备用控制中心均设置 A/B 网防火墙，控制中心无线在控制中心接入信号系统，备用控制中心无线在备用控制中心接入信号系统，控制中心和备用控制中心的信号系统网络互通。

3. 接口类型

ATS 系统与专用无线系统采用冗余以太网接口，以太网接口满足 GB/T 15629.3 要求。

十一、ATS 系统与 PA 系统的接口（IF10）

1. 交换数据

ATS 系统向 PA 系统发送如下信息：

① 车次号。

② 车体号。

③ 列车计划到站及发车时间。
④ 列车进站状态（即将进站、进站、离站）。
⑤ 列车状态信息（扣车、跳停、清客）。
⑥ 列车末班车信息。
⑦ 轧道车信息。
⑧ 车场自动广播触发信息。

2. 接口界面

车站广播系统和信号系统（ATS）的接口分界点位于控制中心/备用控制中心的通信设备室内综合配线架外线侧。

从车站广播系统到 ATS 系统的接口是冗余的（正常/备用）网口连接，如图 5.13 所示。

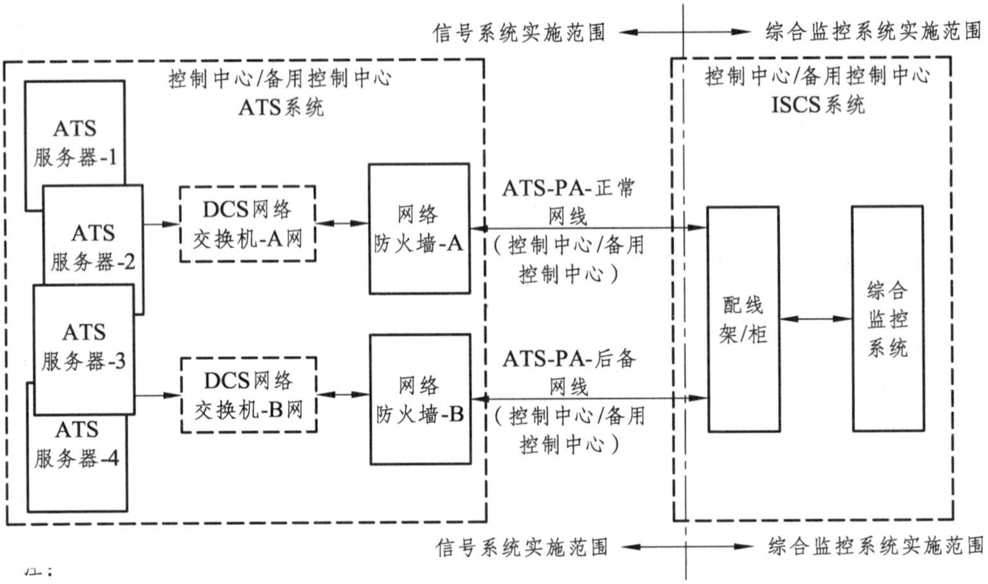

图 5.13　ATS 系统与广播系统接口界面示意图

注：1. 控制中心设置 ATS 服务器 1、ATS 服务器 2。
2. 备用控制中心设置 ATS 服务器 3、ATS 服务器 4。
3. 控制中心和备用控制中心均设置 A/B 网防火墙，控制中心 PA 在控制中心接入信号系统，备用控制中心 PA 在备用控制中心接入信号系统，控制中心和备用控制中心的信号系统网络互通。

3. 接口类型

ATS 系统与 PA 系统采用冗余以太网接口进行通信，以太网接口满足 GB/T 15629.3 要求。

十二、ATS 系统与 PIS 系统的接口（IF14）

1. 交互数据

ATS 系统向 PIS 系统发送如下信息：

① 车次号。
② 车体号。
③ 列车计划到站及发车时间。
④ 列车进站状态（进站、离站）。
⑤ 列车状态信息（扣车、跳停、清客）。
⑥ 轨道车信息。
⑦ 列车末班车信息。

2. 接口界面

乘客信息系统（PIS）和信号系统（ATS）的接口分界点位于控制中心/备用控制中心的弱电综合设备室内配线架外侧。

从 PIS 系统到 ATS 系统的接口是冗余的（正常/备用）网口连接，如图 5.14 所示。

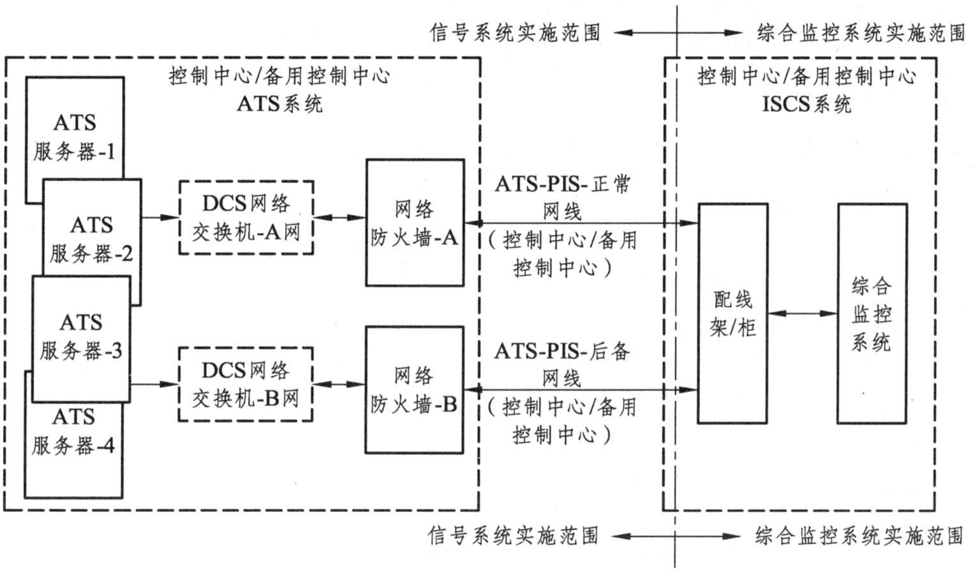

图 5.14　ATS 系统与 PIS 系统接口界面示意图

注：1. 控制中心设置 ATS 服务器 1、ATS 服务器 2。
2. 备用控制中心设置 ATS 服务器 3、ATS 服务器 4。
3. 控制中心和备用控制中心均设置 A/B 网防火墙，控制中心 PIS 在控制中心接入信号系统，备用控制中心 PIS 在备用控制中心接入信号系统，控制中心和备用控制中心的信号系统网络互通。

3. 接口类型

ATS 系统与 PIS 系统采用冗余以太网接口进行通信，以太网接口满足 GB/T 15629.3 要求。

十三、ATS 系统与时钟系统的接口（IF27）

1. 交互数据

时钟系统向信号系统提供标准时间信息，信号系统使用标准时间信息校准信号系统的时钟。

2. 接口界面

时钟系统和 ATS 的接口将设置于控制中心/备用控制中心的弱电综合设备室配线架外侧。从时钟系统到 ATS 系统的接口是 2 个网络接口，如图 5.15 所示。

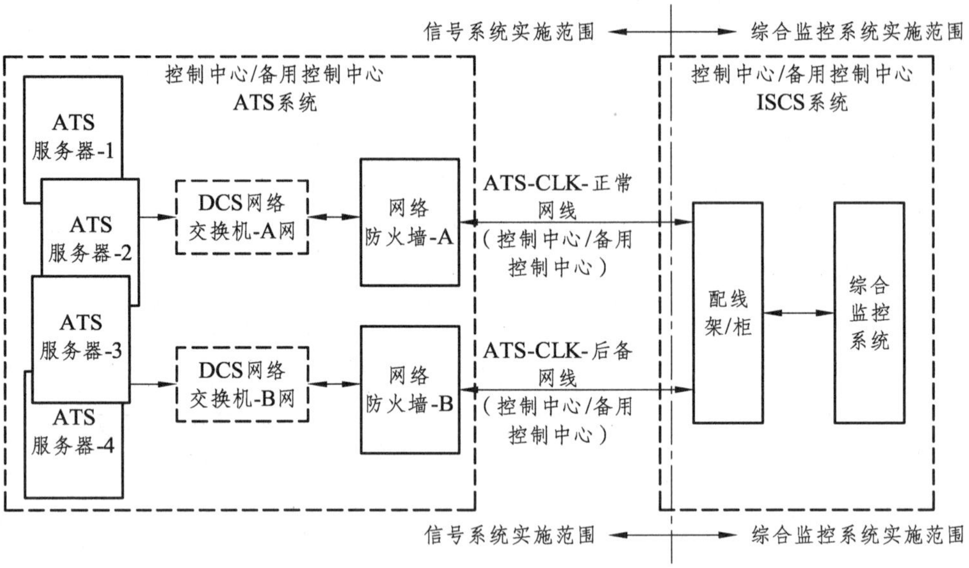

图 5.15　ATS 系统与时钟系统接口界面示意图

注：1. 控制中心设置 ATS 服务器 1、ATS 服务器 2。
　　2. 备用控制中心设置 ATS 服务器 3、ATS 服务器 4。
　　3. 控制中心和备用控制中心均设置 A/B 网防火墙，控制中心 CLK 在控制中心接入信号系统，备用控制中心 CLK 在备用控制中心接入信号系统，控制中心和备用控制中心的信号系统网络互通。

3. 接口类型

ATS 系统与时钟系统采用冗余的 RS422 串口进行通信，在控制中心和备用控制中心通信设备室各有 2 个接口。

十四、CI 与洗车机的接口（IF22）

1. 交互数据

（1）CI 系统向洗车机发送的数据包括："洗车请求""前端洗车停稳""后端洗车停稳""通过请求"。

（2）洗车机向 CI 系统发送的数据包括："洗车机就绪""洗车故障""允许列车移动""同意洗车""洗车机可通过"。

2. 接口界面

车辆段/停车场联锁与洗车线的接口分界在车辆段/停车场信号设备室分线盘处，如图 5.16 所示。

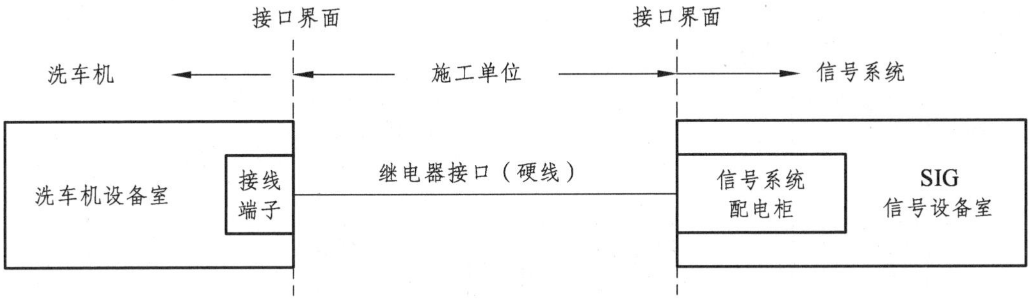

图 5.16　CI 与洗车机接口界面示意图

3. 接口类型

CI 系统与洗车机采用硬线接口，接口位置位于车辆段洗车机控制室内端子排上。

第三节　综合监控相关接口

一、综合监控（ISCS）与广播系统（PA）的接口（IF07）

1. 交互数据

（1）综合监控系统向 PA 系统发送广播文本命令。

（2）PA 系统向综合监控系统发送 PA 系统设备状态信息。

2. 接口界面

综合监控系统（ISCS）与广播系统（PA）的界面划分如图 5.17 所示。

3. 接口类型

综合监控系统与 PA 系统之间的接口采用冗余 100 M 以太网口进行通信，接口类型为 RJ45。传输介质采用超五类屏蔽双绞线、光缆。

二、综合监控（ISCS）与乘客信息系统（PIS）的接口（IF09）

1. 交互数据

综合监控系统向 PIS 系统发送的信息包括：正常或紧急信息、撤销列车 PIS 信息。

2. 接口界面

综合监控系统（ISCS）与乘客信息系统（PIS）的界面划分如图 5.18 所示。

3. 接口类型

综合监控系统与 PIS 系统之间的接口采用冗余 100 M 以太网口进行通信，接口类型为 RJ45。传输介质采用超五类屏蔽双绞线、光缆。

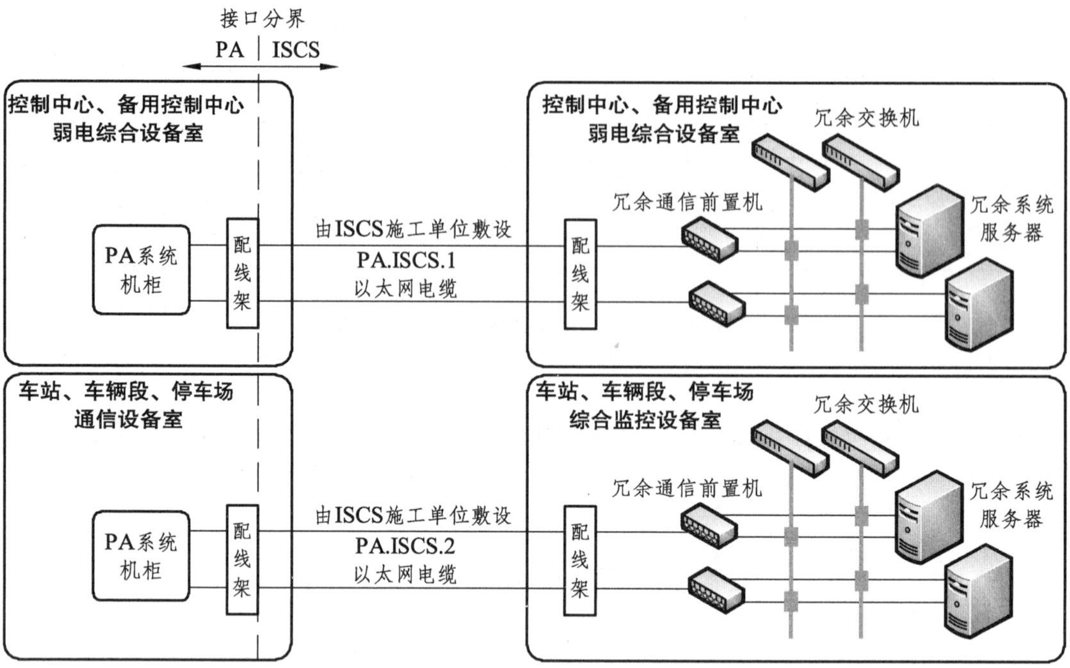

图 5.17　综合监控系统（ISCS）与广播（PA）系统接口界面示意图

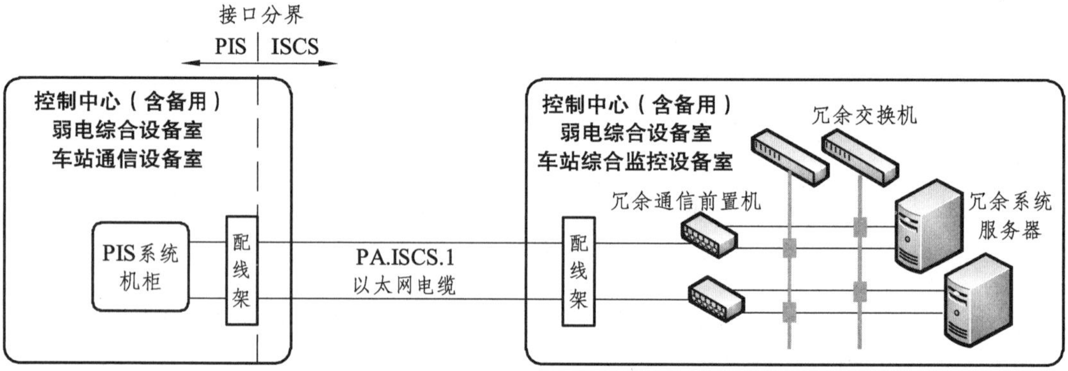

图 5.18　综合监控系统（ISCS）与乘客信息系统（PIS）接口界面示意图

三、综合监控（ISCS）与专用视频监视系统（CCTV）的接口（IF08）

1. 交互数据

（1）综合监控系统向 CCTV 系统发送“摄像机手动选择命令”“列车位置信息”。

（2）CCTV 系统向综合监控系统发送“摄像机工作状态”“摄像机信息”。

2. 接口界面

综合监控系统（ISCS）与专用视频监视系统（CCTV）的界面划分如图 5.19 所示。

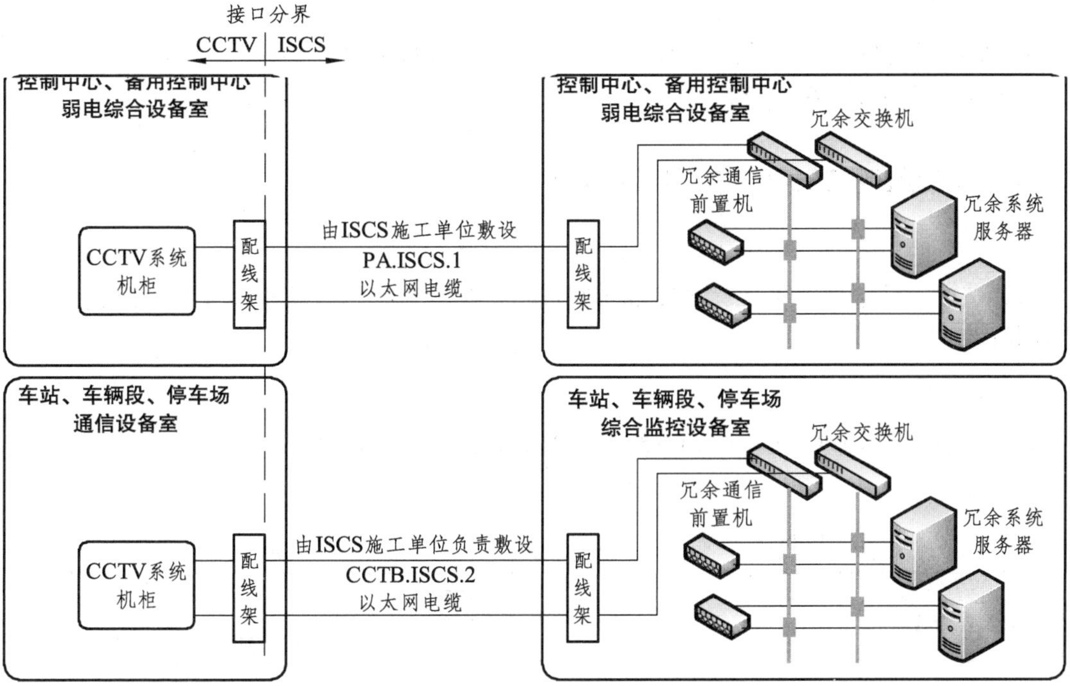

图 5.19　综合监控系统（ISCS）与专用视频监视系统（CCTV）接口界面示意图

3. 接口类型

综合监控系统与 CCTV 系统之间的接口采用冗余 1 000 M 以太网口进行通信，接口类型为 RJ45。传输介质采用超五类屏蔽双绞线、光缆。

四、综合监控（ISCS）与紧急呼叫系统（IPH）的接口（IF03）

1. 交互数据

综合监控系统通过无线通信系统给车辆 PA 发送广播信息、通话信息。

2. 接口界面

综合监控系统（ISCS）与紧急呼叫系统（IPH）的界面划分如图 5.20 所示。

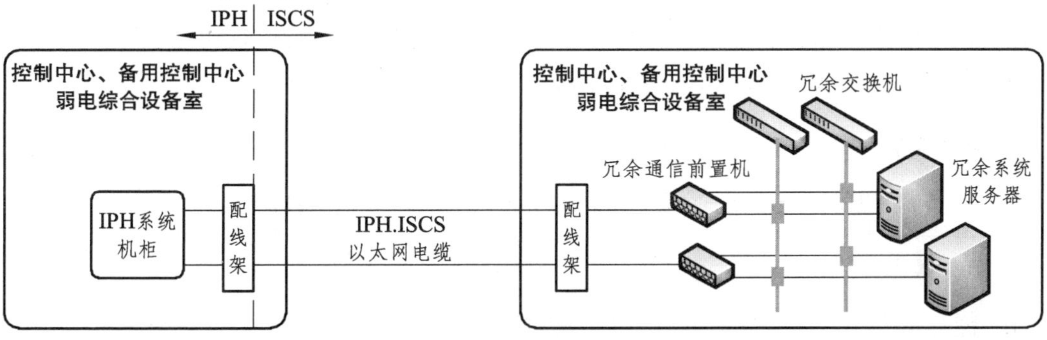

图 5.20　综合监控系统（ISCS）与紧急呼叫系统（IPH）的接口界面示意图

3. 接口类型

综合监控系统与IPH系统之间的接口采用冗余100 M以太网口进行通信，接口类型为RJ45。传输介质采用超五类屏蔽双绞线。

五、综合监控与时钟的接口（IF06）

1. 交互数据

时钟系统向综合监控系统提供标准时间信息，综合监控系统使用标准时间信息校准系统内部的时钟。

2. 接口界面

综合监控系统（ISCS）与时钟系统（CLK）的界面划分如图5.21所示。

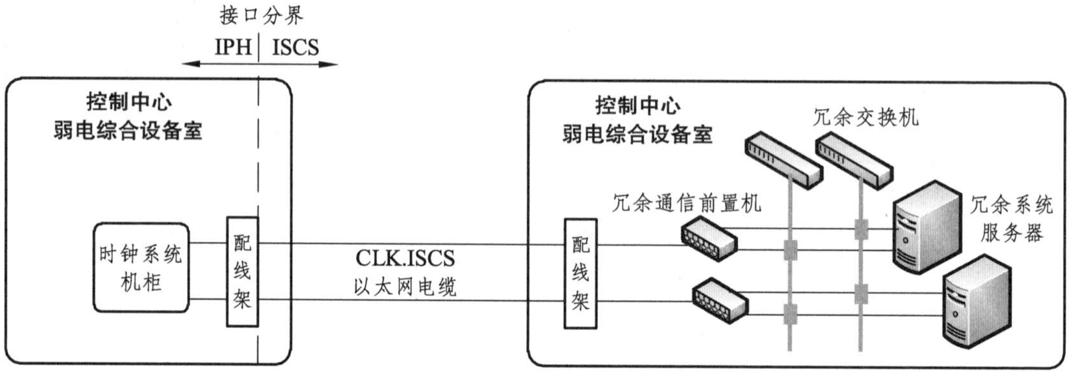

图5.21 综合监控系统（ISCS）与时钟系统接口界面示意图

3. 接口类型

ISCS系统与时钟系统之间的接口采用冗余的RS422串口进行连接。传输介质采用屏蔽双绞线。

六、综合监控IBP盘与站台门的接口（IF31）

1. 交互数据

站台门系统接收综合监控系统车站IBP盘与站台门有关的操作指令，包括：上下行站台门的再开门/再关门命令、PSL允许和禁止命令。

2. 接口界面

综合后备盘（IBP）与站台门系统（PSD）的界面划分如图5.22所示。

3. 接口类型

IBP盘与站台门之间采用硬线接口进行连接。

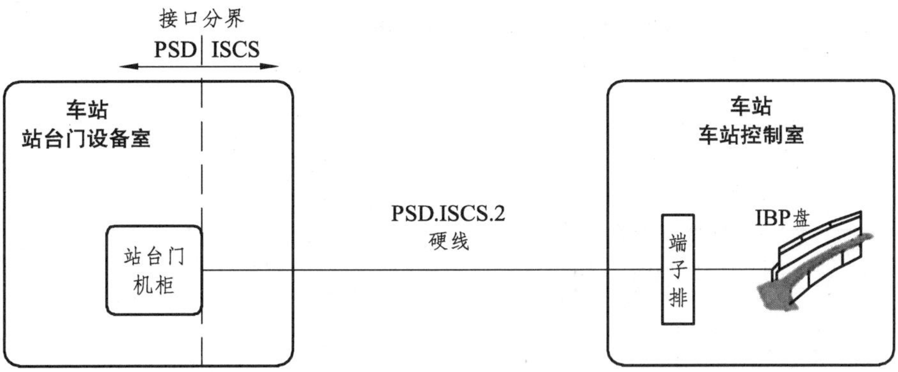

图 5.22　综合监控 IBP 与站台门接口界面示意图

七、综合监控与站台门的接口（IF16）

1. 交互数据

站台门系统通过网络接口向综合监控系统发送站台门状态信息。

2. 接口界面

综合监控系统（ISCS）与站台门系统（PSD）的界面划分如图 5.23 所示。

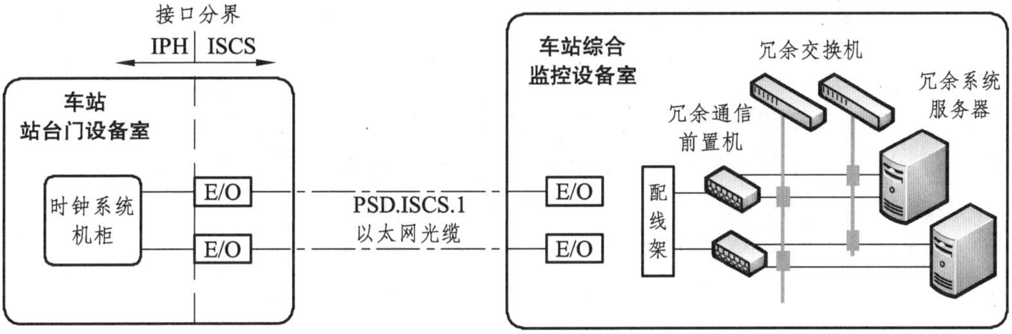

图 5.23　综合监控与站台门接口界面示意图

3. 接口类型

综合监控系统与站台门系统之间的网络接口采用冗余以太网口进行通信，接口类型为RJ45。传输介质采用超五类屏蔽双绞线。

第四节　通信系统相关接口

一、CCTV 与车载 CCTV 的接口（IF01）

1. 交互数据

（1）车载 CCTV 向地面 CCTV 发送车载视频数据；

（2）地面 CCTV 向车载 CCTV 发送调用实时车载视频的请求。

2. 接口界面

地面 CCTV 与车载 CCTV 的界面划分如图 5.24 所示。

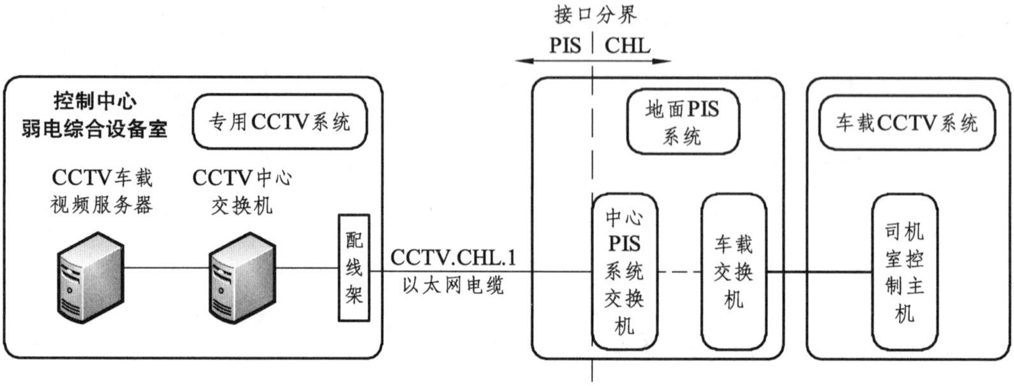

图 5.24　CCTV 与车载 CCTV 接口界面示意图

3. 接口类型

地面 CCTV 与车载 CCTV 之间通过地面 PIS 提供的 WLAN 网络进行通信，无独立的物理接口。

二、IPH 与车载 PA 的接口（IF02）

1. 交互数据

（1）车载 PA（含车载 IPH）与地面 IPH 之间交互语音数据。

（2）车载 PA（含车载 IPH）向地面 IPH 发送语音连接请求。

（3）地面 IPH 向车载 PA（含车载 IPH）发送语音连接回复。

（4）地面 IPH 向车载 PA 转发控制中心人工广播语音信息。

2. 接口界面

IPH 与车载广播的界面划分如图 5.25 所示。

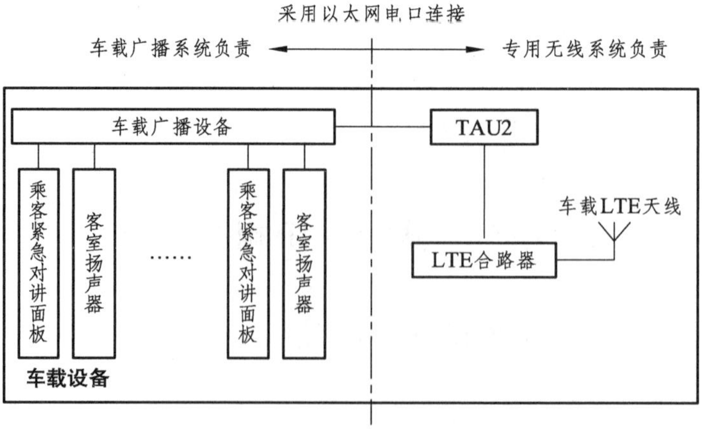

图 5.25　IPH 与车载 PA 接口界面示意图

3. 接口类型

IPH 与车载广播之间通过以太网电接口进行连接。传输介质采用屏蔽网线。

三、PIS 与 PIDS 的接口（IF11）

1. 交互数据

PIS 向 PIDS 转发综合监控从中心下发的车载 PIS 信息。

2. 接口界面

PIS 与 PIDS 的界面划分如图 5.26 所示。

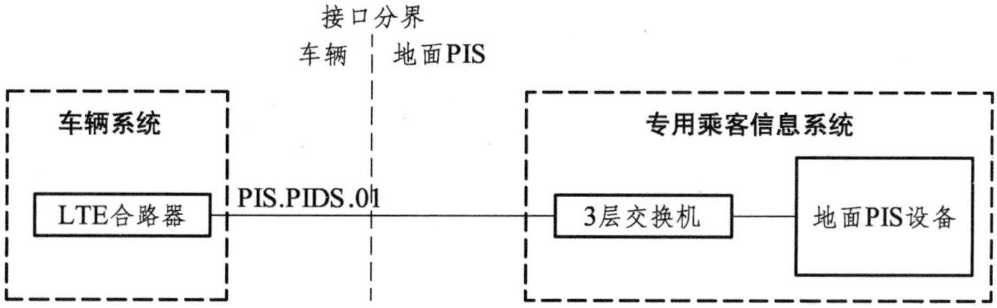

图 5.26　PIS 与 PIDS 接口界面示意图

3. 接口类型

PIS 与 PIDS 之间的接口采用以太网口进行通信，接口类型为 8 芯 M12。传输介质采用屏蔽网线。

四、车载 PA 与无线车载台的接口（IF30）

1. 交互数据

车载台向车载 PA 发送人工语音信息。

2. 接口界面

车载广播与无线车载台的界面划分如图 5.27 所示。

3. 接口类型

车载广播与无线车载台之间通过音频接口加干接点进行连接。传输介质采用屏蔽网线。

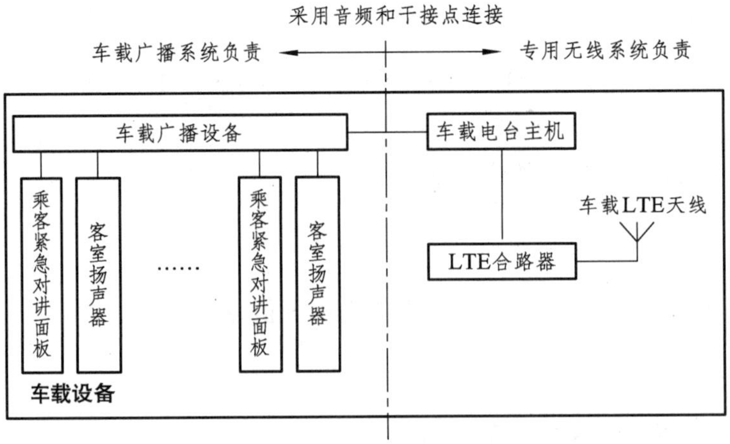

图 5.27　车载 PA 与无线车载台接口界面示意图

第六章　系统功能验证

全自动运行系统是一项系统工程，系统测试及验证涉及信号、车辆、综合监控、通信、站台门等系统。各系统间联系密切，须进行全自动运行系统及各子系统间的测试及验证。

为保证全自动运行系统测试及验证的规范性和完善度，须结合全自动运行系统系统需求规范及核心设备产品规范制订全自动运行系统功能测试验证大纲，包括全自动运行系统的现场测试范围、测试内容、测试方法、测试步骤以及测试的预期结果，确保全自动运行系统的各项功能符合运营和设计要求。

为提升全自动运行系统各项功能测试效率，分别由信号系统、车辆系统、通信系统、综合监控系统、站台门系统牵头测试。

第一节　信号系统牵头功能测试

一、列车唤醒功能测试

（一）功能介绍

系统或人工对成功休眠的列车实施唤醒作业。列车唤醒有三种方式：按时刻表自动唤醒、调度员远程唤醒、本地操作列车激活旋钮唤醒。其中自动唤醒和远程唤醒为 FAM 模式特有，使用这两项功能在中央 ATS 工作站上即可对列车进行唤醒，无需人工进行干预，为列车出库提前做好准备。

（二）测试范围

（1）需要对每一列车在场段及正线任意一个唤醒区域进行此项测试。

（2）可以采用任意一列车对场段及正线每一个唤醒区域进行唤醒测试。

（三）测试内容及方法

（1）在具备全自动运行的场段及正线休眠区域对休眠列车进行按时刻表自动唤醒、调度员远程唤醒、本地操作列车激活旋钮唤醒三种方式测试并记录，其中按时刻表自动唤醒和远程唤醒功能在中央 ATS 工作站界面对列车进行唤醒操作，本地操作列车激活旋钮唤醒由列管员在列车内旋至“合”位。

（2）列车上电成功后，车辆、信号及通信系统进行自检。

（3）车辆、信号及通信系统完成自检并自动进入静态测试（包含升降弓测试、制动测试、牵引系统静态测试、空调系统测试、照明测试、广播测试、两侧车门测试等）。

（4）在段场停车列检库、存车线和折返线两端静态测试成功后，应自动激活相应驾驶端进入 FAM 模式待命。

（5）控制中心及场段 ATS 工作站界面显示唤醒成功与否状态。

（四）预期结果

系统或人工能对成功休眠的列车实施上电、系统自检和静态测试功能符合设计要求，且 ATS 工作站界面显示系统自检及静态测试结果。

二、列车休眠功能测试

（一）功能介绍

系统或人工远程自动控制列车在场段及正线休眠区域完成休眠。

（二）测试范围

（1）需要对每一列车都在场段及正线任意一个休眠区域进行此项测试。

（2）可以采用任意一列车对场段及正线每一个休眠区域都进行唤醒测试。

（三）测试内容及方法

在场段及正线休眠区域测试自动休眠、远程休眠和人工本地休眠三种方式。其中自动休眠和远程休眠功能在中央 ATS 工作站界面对列车进行休眠操作，人工本地休眠由列管员在车内操作列车激活旋钮至分位。

（1）记录列车运行至休眠停车窗后，根据时刻表自动休眠。中央和车场 ATS 工作站界面应能正确显示列车休眠结果和状态。

（2）记录列车运行至休眠停车窗后，人工操作远程休眠指令，系统执行流程。中央和车场 ATS 工作站界面应能正确显示列车休眠结果和状态。

（3）记录列车运行至休眠停车窗后，列管员将列车激活旋钮操作至分位后，系统按自动休眠步骤执行。中央和车场 ATS 工作站界面应能正确显示列车休眠结果和状态。

（四）预期结果

列车根据运行计划自动休眠、远程休眠或人工本地休眠，同时在车场和中央 ATS 工作站显示列车休眠相关状态信息。

三、列车自动出入库/存车线功能测试

（一）功能介绍

列车根据计划执行场段至转换轨的自动出入库/存车线运行功能。在 FAM 模式下，列车在转换轨进行工况转换，进行出入库作业或在 FAM 模式下进行出入存车线作业。

（二）测试范围

（1）仅需对一列车进行测试。

（2）可以采用任意一列车对场段每一条库线、存车线及出入段线均进行此项测试。

（三）测试内容及方法

记录列车是否按照运行计划时间自动出入库、存车线及列车运行情况：

（1）出库列车根据运行计划自动出库，并自动运行至就近站台，保持车门打开不关闭。

（2）回库列车根据运行计划自动运行。

（3）列车根据运行计划自动出入存车线。

（四）预期结果

列车自动出入库相关功能符合设计要求，且列车出库时间应符合设计要求。

四、列车站台自动发车功能测试

（一）功能介绍

列车在 FAM 模式下，按运行图在站台停站时间结束且自动关闭车门与站台门后，自动发车。

（二）测试范围

（1）仅需对一列车进行测试。

（2）可以采用任意一列车对正线每个站台进行此项测试。

（三）测试内容及方法

（1）按运行图，列车在站台停站时间结束后，观察车门和站台门是否发出声光报警并延时自动关闭。

（2）按运行图，列车车门和站台门关闭后列车自动发车，车辆广播播放离站信息；

（3）列车可在场段按出库计划或目的地号运行。

（四）预期结果

按运行图，列车在站台或停车列检库、非自动化/自动化转换轨（进入自动化区域方向）满足发车条件后，列车自动发车功能符合设计要求。

五、列车自动开关门功能测试

（一）功能介绍

列车到站对标停稳后，准确收到车载 CC 发送的开门码位，车门与站台门根据联动功能自动开启；列车停站时间结束后车门与站台门自动关闭。

（二）测试范围

（1）仅需对一列车进行测试。

（2）可以采用任意一列车对正线每个站台进行此项测试。

（三）测试内容及方法

进行以下车门及站台门测试工作，并记录是否满足以下情况：

（1）列车在站台停准后，车门及站台门自动打开，并自动播放开门预告广播。

（2）列车发车前，车门及站台门自动关闭。

（3）在列车关门停站期间 ATS 工作站进行扣车操作，列车车门和站台门重新打开，并自动触发站台广播。扣车命令取消后，列车自动关闭车门和站台门并自动发车。

（四）预期结果

（1）列车到站停准后，车门及站台门自动打开，并播放开门预告广播。

（2）列车根据运营计划离站时，车门及站台门自动关闭。

（3）在列车关门停站期间，ATS 工作站进行扣车操作，列车车门和站台门自动开关门功能符合设计要求。

六、列车自动折返功能测试

（一）功能介绍

列车根据运行图及折返站的变通策略执行自动折返作业。全自动驾驶模式下的自动折返包括：FAM 模式下的站前折返和站后折返。

（二）测试范围

（1）需要对每一列车在场段、正线都进行此项测试。

（2）可以采用任意一列车对正线每个折返站进行此项测试。

（三）测试内容及方法

记录站后折返（含退出运营）列车运行以及车门与站台门状态是否满足以下情况：

（1）站前折返时，列车应自动停站并自动保持车门和站台门打开，系统自动更新车次窗信息，发车站发车进路自动办理，同时列车完成自动换端；按时刻表停站时间结束后，列车车门和站台门自动关闭并自动离站。

（2）站后折返时，列车在站台对标停稳，自动打开车门不关闭，触发清客广播；系统按时刻表自动触发折返进路；完成清客确认后列车自动关闭车门及站台门；满足发车条件后自动运行至折返线停车窗停稳；完成自动换端，系统更新车次窗信息并按时刻表办理折返进路；满足发车条件后运行至发车站台，对标停车自动打开车门及站台门；待停站时间结束后，发车条件满足后，列车自动关闭车门和站台门发车。（若运行计划中列车退出运营，列车工况转为“退出正线服务”工况，退出运营列车自动运行至车辆段。）

（四）预期结果

列车折返时，根据运行计划自动触发折返进路，并在折返点自动匹配新的运行计划后自动发车，同时根据运行计划自动匹配工况模式。自动折返功能符合设计要求。

七、站台自动清客功能测试

（一）功能介绍

在折返站和终点站信号系统自动触发清客，提醒车上乘客下车，站台乘客不能上车。任一车站具备临时清客功能。

（二）测试范围

（1）仅需对一列车进行测试。

（2）计划清客可以采用任意一列车对计划的每个折返站或终点站进行测试，临时清客可以采用任意一列车选择一个正线车站进行测试。

（三）测试内容及方法

记录按时刻表站台自动清客或临时设置站台清客命令后，列车车门与站台门、车辆 PIS、地面 PIS 及车辆广播是否满足以下情况：

（1）列车根据时刻表到达运营终点站进行站台清客时，列车车门和站台门自动打开不关闭；车辆 PIS、地面 PIS 自动显示清客信息，车辆广播自动播放清客广播；当 OCC 调度远程清客确认完成清客或站务人员按压站台清客确认按钮完成清客，列车继续根据运营计划以全自动运行模式自动离站。

（2）列车下一站站台停车前，中央设置站台临时清客，列车到达临时清客站台后，车门和站台门自动打开不关闭，OCC 行调通过 ATS 工作站对列车操作远程清客确认，列车车门和站台门关闭，停站结束后，列车自动发车（临时清客命令一次有效）。

（四）预期结果

列车到站后自动清客或站台临时设置清客，车辆 PIS、地面 PIS 自动显示终点站信息，车辆自动播放清客广播；当 OCC 调度远程清客确认完成清客或站务人员按压站台清客确认按钮完成清客后，自动执行“退出正线服务”工况，并自动发车回库或进入存车线。

八、列车自动洗车功能测试

（一）功能介绍

在 FAM 模式下，列车根据运行计划自动完成洗车作业。

（二）测试范围

（1）仅需对一列车进行测试。

（2）可以采用任意一列车对每个场段的洗车机都进行此项测试。

（三）测试内容及方法

记录列车是否按照运行计划自动执行洗车作业：

（1）列车根据运行计划自动运行至洗车线。
（2）当列车停于洗车线时，列车进入洗车工况后，列车与洗车设备联动，执行自动洗车直至结束。

（四）预期结果

列车自动运行至洗车线，进入洗车工况后，自动执行洗车作业，自动洗车功能及洗车线路限速符合设计要求。

九、车场自动转线功能测试

（一）功能介绍

自动化区域/非自动化区域转至非自动化区域/自动化区域调车功能。

（二）测试范围

（1）仅需对一列车进行测试。
（2）可以采用任意一列车对场段自动化区域所有列车进路进行此项测试。

（三）测试内容及方法

列车在全自动运行系统场段内的自动化区调车、自动化区至非自动化区调车、非自动化区至自动化区调车的过程，记录列车相关运行情况是否满足以下情况：
（1）列车在自动化区调车时，ATS 根据目的地码自动触发进路，列车以 FAM 模式自动运行至指定位置停车。
（2）列车在自动化区至非自动化区调车时，列车自动运行至非自动化区与自动化区的转换轨停车，列管员进入列车打开驾驶台，将列车退出 FAM 模式并转为 RM 模式，根据场调指令驾驶列车进入非自动化区。
（3）列车在非自动化区至自动化区调车时，以 RM 模式人工驾驶列车在非自动化区与自动化区的转换轨规定位置停车后，驾驶模式转为 FAM 模式并关闭驾驶台，列车根据目的地码运行至指定股道。

（四）预期结果

列车在自动化区调车时，列车以 FAM 模式自动运行至指定位置停车；列车在自动化区至非自动化区调车、非自动化区至自动化区调车时，列车根据相关操作实现相应功能。

十、轨道车运行功能测试

（一）功能介绍

列车进行轨道作业功能。

（二）测试范围

（1）仅需对一列车进行测试。

（2）可以采用任意一列车对所有工况之间的转换区间进行测试。

（三）测试内容及方法

轨道车根据出库计划唤醒，记录是否满足以下情况：

（1）列车唤醒成功后，进入 FAM 模式待命，ATS 工作站界面显示列车标识为轨道车，轨道车在 FAM 模式下应不能自动发车。

（2）列管员接管列车将驾驶模式转为 ATPM 模式待令；按时刻表以 ATPM 模式进行轨道。

（3）轨道车作业完成后，列管员将列车停在规定位置，将列车升级为 FAM 模式；列车升级为 FAM 模式后按时刻表投入运营。

（四）预期结果

系统能识别出库列车为轨道车，列车匹配出入库计划成功后，根据计划时间自动触发出库进路，轨道车在 FAM 模式下应不能自动发车。列车出库后，在转换轨可匹配时刻表，生成车次号，轨道列车完成轨道后根据时刻表触发相应工况。

十一、列车工况自动转换功能测试

（一）功能介绍

FAM 模式列车根据不同位置与作业场景自动转换相应工况。

（二）测试范围

（1）仅需对一列车进行测试。

（2）可以采用任意一列车对所有工况之间的转换区间进行测试。

（三）测试内容及方法

记录列车根据运行计划自动执行工况转换，控制列车车厢内照明和空调，是否满足以下情况：

（1）列车由正线进入转换轨自动执行“退出正线服务”工况，列车开启应急照明、关闭空调。

（2）列车由车场进入转换轨自动执行“正线服务”工况，列车开启照明、空调。

（3）对回库停稳有计划清扫任务的列车自动执行“清扫/检修”工况，列车开启照明、空调。

（4）对在车场内自动转线的列车自动执行“场内运行”工况，列车开启应急照明，关闭空调。

（5）对没有计划任务且不休眠的列车自动执行“待命”工况，列车关闭照明、空调，雨刷打至洗车位，列车进入慢行模式。

（6）即将进行洗车的列车自动执行“洗车”工况，列车开启应急照明，关闭空调。

（四）预期结果

列车根据运行计划自动转换工况模式，并根据不同工况模式控制列车车厢内照明和空调。

中心及场段 ATS 工作站显示列车工况执行情况。

十二、清扫/检修功能测试

（一）功能介绍

列车回到停车列检库后，可进行清扫/检修作业。

（二）测试范围

（1）仅需对一列车进行测试。
（2）可以采用任意一列车对场段自动化区域的回库计划列车进行测试。

（三）测试内容及方法

列车根据计划进行清扫/检修作业流程、临时清扫/检修作业流程，记录是否满足以下情况：
（1）对回库停稳有计划清扫任务的列车自动进入“清扫/检修”工况，开启照明、空调。
（2）列车处于清扫/检修工况时，收到远程休眠指令后立即休眠列车。
（3）列车处于清扫/检修工况时，收到新的运行计划后，能取消清扫/检修工况转为待命工况。
（4）工作人员进行清扫/检修将 FAM 模式选择开关打至非 FAM 位，车载 CC 不接受远程控制指令，ATS 并不进行车辆相关报警。

（四）预期结果

列车根据清扫/检修计划能执行“清扫/检修”工况，开启照明、空调，中央 ATS 显示列车清扫/检修执行情况。FAM 模式选择开关打至非 FAM 位时，车载 CC 不接受远程控制指令，ATS 并不进行车辆相关报警。

十三、车门/站台门对位隔离功能测试

（一）功能介绍

当列车车门故障隔离后，本列车停站时对应的站台门应能保持关闭不打开。

（二）测试范围

（1）需要选择一列车的每扇车门都进行此项测试，包含正向反向。
（2）可以采用任意一列车对正线每一个站台都进行此项测试。

（三）测试内容及方法

记录 FAM 模式列车车门故障对位隔离站台门、站台门故障对位隔离车门时站台门、车门状态是否满足以下情况：

1. 车门故障对位隔离站台门

（1）模拟 FAM 模式列车车门故障进行隔离，列车进站停稳后自动开关门，被隔离车门及

其对应的站台门不动作，保持车门/站台门关闭。

（2）车门被隔离后，该车门对应的指示灯显示隔离状态，LCD 提示此车门不打开。

（3）被隔离车门对应站台门的指示灯闪烁，提示对位隔离状态。

（4）列车完全驶离站台后，站台门对位隔离状态恢复。

2. 站台门故障对位隔离车门

（1）模拟站台门故障隔离，站台门的指示灯点亮提示隔离状态。

（2）FAM 模式列车在进站前车辆 LCD 提示此车门不打开。

（3）列车进站停稳后自动开关门，故障站台门及其对应的车门不动作，保持车门/站台门关闭。

（4）列车完全驶离站台后，车门对位隔离状态恢复。

（四）预期结果

被隔离的车门或站台门以及对应站台门或车门保持关闭，其他车门和站台门正常打开，被测车门和站台门处于对位隔离状态，站台门指示灯和车辆 LCD 显示相应状态。

十四、列车故障自动扣车功能测试

（一）功能介绍

FAM 模式下，监测列车出现故障后，对于在区间运行的列车，控制列车运行至下一站停车后打开车门不关闭，对于停在站台的列车，打开车门不关闭。

（二）测试功能项范围

应在场段、正线对每一列车都进行此项测试。

（三）测试内容及方法

列车区间运行时，分别模拟总风压力可用旁路、2 台空压机故障、所有制动缓解旁路、停放制动缓解旁路、车门故障、被动式障碍物检测系统故障、蠕动模式、车门状态旁路和车门使能旁路、列车脱轨检测系统故障、列车火灾报警需列车自动扣车，记录是否满足以下情况：

（1）中央 ATS 工作站显示相关报警信息。

（2）列车以 FAM 模式继续运行至下一站对标停车，停准后列车被扣在该站台，自动打开车门和站台门且保持车门和站台门打开不关闭。

（3）列管员恢复故障后，列车车门和站台门在站停倒计时结束后自动关闭，满足发车条件列车自动发车。

（四）预期结果

故障产生时，中央 ATS 工作站显示相关报警信息，列车以 FAM 模式继续运行至下一站对标停车，停准后列车执行自动扣车，自动打开车门和站台门且保持车门和站台门打开不关闭。故障恢复时，列车车门和站台门在站停倒计时结束后自动关闭，满足发车条件列车自动发车。

十五、司机台盖板监控功能测试

（一）功能介绍

当司机操作台盖板打开后，将会触发告警信息。

（二）测试范围

应在场段、正线对每一列车都进行此项测试。

（三）测试内容及方法

FAM 模式运行下，列管员打开司机台盖板，记录是否满足以下情况：

（1）列车保持 FAM 模式正常运行。

（2）中央 ATS 工作站显示报警信息。

（3）中央 ISCS 工作站推送对应区域的车载 CCTV。

（四）预期结果

FAM 模式运行下列管员打开司机台盖板后，列车仍能以 FAM 模式运行。中央 ATS 工作站能显示司机台盖板打开报警信息。中央 ISCS 工作站能推送对应区域的车载视频。

十六、列车站台自动对位调整功能测试

（一）功能介绍

列车到站对位未对准时，在允许误差范围内自动执行站台对位功能。

（二）测试范围

（1）仅需对一列车进行测试。

（2）可以采用任意一列车对任意正线车站站台对标、冲标及欠标进行测试。

（三）测试内容及方法

列车从测试始发站发车后，通过测试工具设置欠停或过停距离，记录列车到站后相关运行情况是否满足以下情况：

（1）列车应根据设置的欠标距离（0.5 ~ 5 m）或过标距离（0.5 ~ 5 m）停车，不自动开车门和站台门；列车开始进行自动对位；列车完成自动对位成功后，车门及站台门自动打开。

（2）若当列车过标超过 5 m 时，FAM 调确认后则列车自动向下一站运行，否则停于站台不自动发车。

（3）若站台自动对位进行 3 次后仍未完成对位，则列车施加 EB 并向中央 ATS 工作站报警，站台停车不自动发车。

（四）预期结果

列车于欠标距离（0.5 ~ 5.5 m）或过标距离（0.5 ~ 5.0 m）处停车后，进行站台自动对位；若列车过停距离超过系统设计范围，自动运行至下一站或停于站台不自动发车；若站台自动

对位进行 3 次后仍未完成自动对位，则列车施加 EB 并向中央 ATS 报警站台停车不自动发车。

十七、列车蠕动模式功能测试

（一）功能介绍

蠕动模式为在全自动驾驶条件下，当车辆网络故障，或车辆网络与信号网络之间通信故障时，列车进入限速运行的一种模式。

（二）测试范围

应在场段、正线对每一列车都进行此项测试。

（三）测试内容及方法

列车区间运行时，模拟列车故障需采用蠕动模式运行，记录是否满足以下情况：

（1）中央 ATS 工作站查看设备状态及蠕动模式请求信息。

（2）中央 ATS 工作站设置列车进入蠕动模式；进入蠕动模式后列车应以不超过 45 km/h 速度自动运行至下一站，列车进行开门并自动扣车。

（3）列车停车后没有人员操作退出蠕动模式，列车不自动发车。

（四）预期结果

故障产生时，自动向控制中心发出进入蠕动模式的请求，控制中心授权列车进入蠕动模式，列车以不超过 45 km/h 自动运行至下一站，列车到站后自动打开车门和站台门并保持不关闭。

十八、工作人员防护（SPKS）功能测试

（一）功能介绍

作业人员进入轨行区或全自动区域作业前，使用该防护开关防止列车进入防护区域，保护作业人员安全。

（二）测试范围

需要对正线车站和场段的全部 SPKS 进行测试。

（三）测试内容及方法

激活轨行区或车辆段全自动区域工作人员防护开关，记录 FAM 模式下列车运行状态以及 ATS 工作站显示信息满足以下情况：

（1）激活正线列车所在区域的 SPKS 开关后，查看并记录 ATS 工作站 SPKS 的激活状态，查看并记录该防护区域内的列车施加紧急制动。

（2）查看并记录未进入该防护区域的列车在区域外停车。

（3）恢复该区域的 SPKS 开关，查看并记录列车是否恢复运行，中心 ATS 工作站显示该区域的 SPKS 已恢复。

（4）激活场段全自动区域 SPKS 开关后，对应区域门禁才可刷卡进入，否则刷卡无效。

（5）SPKS 开关应具备旁路功能，在确定防护区域具备行车条件后，车站值班员可人工旁路发生故障的 SPKS 开关。

（四）预期结果

SPKS 开关激活时，FAM 模式列车不能进入 SPKS 关联的区域，已进入该区域的列车将立即触发紧急制动停车，ATS 工作站显示该区域已激活；恢复 SPKS 开关后，列车自动恢复全自动运行，ATS 工作站显示该开关已恢复。SPKS 开关可人工旁路。

十九、车场自动广播功能测试

（一）功能介绍

开始运营的首列车出库前，能根据信号系统发送的广播触发信息，在运用库全区域自动播放广播。

（二）测试范围

可以采用任意一列车对场段自动化区域进行此项测试。

（三）测试内容及方法

（1）开始运营的首列车出库前，在运用库全区域范围内测试并记录车场自动广播时间和内容。

（2）早、晚高峰首列车出库前，在运用库全区域范围内测试并记录车场自动广播时间和内容。

（3）早、晚高峰首列车入库前，在运用库全区域范围内测试并记录车场自动广播时间和内容。

（4）结束运营的首列车入库前，在运用库全区域范围内测试并记录车场自动广播时间和内容。

（四）预期结果

开始运营的首列车出库前、早晚高峰首列车出入库前、结束运营的首列车入库前，在运用库全区域范围内播放车场自动广播应符合设计要求。

二十、列车远程控制功能测试

（一）功能介绍

① 可在 ATS 工作站上远程操作旁路列车的总风压力低状态。

② 可在 ATS 工作站上远程复位故障。

③ 可在 ATS 工作站上对列车关键断路器进行复位。

④ 可在 ATS 工作站上远程操作升降弓。

⑤ 可在 ATS 工作站上远程操作合分高速断路器。

⑥ 可在 ATS 工作站上对站台上的列车远程开关车门，并联动开关站台门。

⑦ 可在 ATS 工作站上远程隔离单个车门；车门隔离后，车门无法打开，车门状态被旁路。

⑧ 对于 FAM 模式列车响应远程紧急制动功能。

（二）测试功能项范围

需要对每一列车都进行此项测试，应在场段、正线进行测试。

（三）测试内容及方法

1. 远程旁路功能测试

FAM 运行模式下，在列车实际总风可用（≥700 kPa）的情况下模拟总风压力低报警，记录 ATS 工作站是否显示报警信息和总风压力值；在中央 ATS 工作站操作“总风压力低旁路”，记录列车是否执行总风压力低旁路，是否运行至下一站自动扣车。到站退出 FAM 模式后，记录“总风压力低旁路”状态是否自动取消。在中央 ATS 工作站操作取消“总风压力低旁路”，记录列车是否取消总风压力低旁路。

2. 远程故障复位功能测试

FAM 运行模式下，模拟列车牵引/辅助（包括辅助逆变器和蓄电池充电机）故障和火灾报警故障，记录 ATS 工作站是否显示报警信息；在中央 ATS 工作站远程复位，记录列车是否执行远程复位指令。

3. 远程关键断路器复位功能测试

FAM 运行模式下，在列车上设置关键断路器断开故障，包括牵引、辅逆、制动、客室车门等，记录中央 ATS 工作站能否显示微型断路器断开/闭合状态信息；零速时操作远程断路器复位命令，记录列车是否执行远程复位命令。

4. 远程升降弓功能测试

在 FAM 运行模式（高断合）下，在中央 ATS 上远程下发升降 MP1/MP2 车受电弓指令。记录列车是否执行升降弓、限速以及高断自动分合；记录中央 ATS 工作站能否显示受电弓及高断的状态信息和限速。

5. 远程分合高断功能测试

FAM 运行模式下，在双弓升起、所有高断闭合的状态下，在中央 ATS 工作站上远程下发分高断的指令，记录中央 ATS 工作站能否显示高断的状态信息以及列车能否执行分高断的指令；在双弓升起、所有高断断开的状态下，在中央 ATS 工作站上远程下发闭合高断的指令，记录中央 ATS 工作站能否显示高断的状态信息以及列车能否执行闭合高断的指令。

6. 远程开关门功能测试

FAM 模式列车有开门使能时，通过中央 ATS 工作站下发远程开关门指令，记录车门是否开启或关闭。

7. 远程车门隔离功能测试

在门关好状态下，通过中央 ATS 工作站下发远程车门隔离指令，记录对应车门是否执行远程隔离并联动车门指示灯和车门上方的动态地图提示，中央 ATS 工作站是否显示隔离结果，站台门是否对位隔离并联动站台门状态指示灯提示。

8. 远程紧急制动及缓解功能测试

FAM 运行模式下，中央 ATS 工作站对指定列车发送紧急制动施加指令，记录列车紧急制动是否施加，中央 ATS 工作站是否显示紧急制动报警及紧急制动的原因；中央 ATS 工作站对指定列车发送紧急制动缓解指令，记录列车紧急制动是否缓解，在具备动车条件后，能否以 FAM 模式继续运行。

（四）预期结果

（1）ATS 工作站显示总风压力低报警信息和总风压力值；远程操作总风压力低旁路后，列车执行总风压力低旁路和下一站自动扣车，到站退出 FAM 模式可自动取消远程旁路指令。中央 ATS 工作站可发送取消“总风压力低旁路”命令，列车取消“总风压力低旁路”。

（2）ATS 工作站显示相应的报警信息；操作远程复位后，列车执行相应远程复位指令。

（3）ATS 工作站显示相应微型断路器断开/闭合状态信息；操作远程断路器复位后，列车在零速时复位断开的微型断路器。

（4）远程升 MP1 车受电弓，MP1 车受电弓升起，一单元的高断自动闭合，列车限速 70 km/h；远程升 MP2 车受电弓，MP2 车受电弓升起，二单元的高断自动闭合，列车限速 80 km/h；分别降 MP1、MP2 车受电弓，一单元、二单元的高断自动分开。中央 ATS 工作站显示受电弓及高断的状态信息和限速。

（5）ATS 工作站显示高断的状态信息；列车能执行远程高断分合的指令。

（6）车门执行相应打开或关闭指令。

（7）车门执行远程隔离；中央 ATS 工作站显示隔离结果并联动车门指示灯和车门上方的动态地图提示；站台门对位隔离并联动站台门状态指示灯提示。

（8）远程紧急制动施加指令下发后，车辆执行紧急制动，中央 ATS 工作站显示紧急制动报警及紧急制动的原因；远程紧急制动缓解指令下发后，车辆缓解紧急制动，并在具备动车条件后，以 FAM 模式继续运行。

二十一、站台再开关门功能测试

（一）功能介绍

在站台区域设置可同步开关车门和站台门的站台开/关门按钮。FAM/CAM 模式下，当车门没有按照要求自动打开和关闭时，站务员可操作站台开/关门按钮再次打开车门或者关闭车门。

（二）测试范围

① 仅需对一列车进行测试。

② 可以采用任意一列车对正线每一个站台都进行此项测试。

（三）测试内容及方法

① 列车在站台停准且有开门使能时，操作站台开关门按钮开门。

② 操作站台开关门按钮关门。

（四）预期结果

① 站台门联动车门打开。
② 站台门联动车门关闭。

二十二、列车登乘指示功能测试

（一）功能介绍

在列车登车处安装列车登乘指示灯，指示列车可登车状态。

（二）测试范围

应在场段、正线对每一列车都进行此项测试。

（三）测试内容及方法

FAM 运行模式下，信号系统保证登乘列车时，观察列车外侧启动指示灯是否处于允许登车状态。信号系统不允许列车登乘时，观察列车外侧启动指示灯状态变化。

（四）预期结果

① 绿灯：允许登车。
② 灭灯：未得到调度授权禁止登车。

二十三、临时停车联动功能测试

（一）测试介绍

列车区间临时停车或站台停车超过一定时间，能向车辆发送广播。

（二）测试范围

应在场段、正线对一列车进行此项测试。

（三）测试内容及方法

当列车离开车站，通过 ATS 工作站在区间设置临时停车记录列车状态：
（1）列车收到临时停车指令，施加制动停车。
（2）列车区间停车后，车辆 PIS 自动显示临时停车相关信息，车辆自动播放临时停车相关预录广播。

（四）预期结果

列车临时停车后，自动联动车载广播、车载 PIS，相关功能符合设计要求。

二十四、全自动限速运行模式功能测试

（一）功能介绍

当列车丢失定位后，调度可远程设置列车进行 FRM 模式。

（二）测试范围

应在场段、正线对每一列车都进行此项测试。

（三）测试内容及方法

列车停在区间，对车载设备模拟失去定位后中心设置列车进入远程限制驾驶模式，列车以限速运行并进行速度安全防护，重新建立定位后自动恢复 FAM 模式运行至下一个站台。

（四）预期结果

列车进入远程限制模式后，可自动运行并进行速度安全防护，在重新建立定位后可恢复 FAM 模式运行。

二十五、列车远程在线检测功能测试

（一）功能介绍

ATS 可对列车信息、设备故障信息进行实时监控和告警。

（二）测试范围

应在场段、正线对一列车进行此项测试。

（三）测试内容及方法

（1）观察中央对列车关键设备状态进行实时监控。

（2）在列车上分别设置关键系统和设备故障，列车网压状态、受电弓姿态异常、总风缸低压、空压机故障、强迫缓解状态、列车限速状态、所有制动缓解旁路、停放制动缓解旁路、车门使能旁路、车门状态旁路、总风压力低旁路、可保证的紧急制动率（GEBR）不可用、可保证的紧急制动率（GEBR）下降、牵引逆变器故障、车门故障、车门防夹、车门隔离、空调故障、客室广播故障、火灾报警系统故障、辅助逆变器故障、蓄电池充电机故障、关键断路器状态、司机室盖板状态、列车完整性、车门紧急解锁装置、紧急对讲激活状态、紧急对讲呼叫状态、蓄电池低压、停放制动无法缓解、被动式障碍物检测系统故障、照明故障、脱轨检测系统故障、牵引系统故障、辅助系统故障、火灾报警器报警、紧急对讲装置故障、PACU PIS 客室主机故障、ACSU PIS 司机室主机故障、列车走行部温度/振动严重报警、充电完成、制动系统故障；包括牵引、辅逆、制动、客室车门、空调、广播等系统设备，控制中心对列车信息、设备故障关键信息进行实时监控和告警，并核验相关信息是否在控制中心正常显示。

（四）预期结果

相关系统对列车关键设备状态实时检测、对列车关键设备故障信息进行实时监控和告警功能符合设计要求。

二十六、全自动运行授权功能测试

（一）功能介绍

可在 ATS 工作站设置和取消列车或区域的全自动运行授权。

（二）测试范围

（1）应在场段、正线对每一列车都进行此项测试。
（2）信号测试已包含全区域授权测试，因此仅对全自动区域进行抽测。

（三）测试内容及方法

（1）观察并记录 FAM 或 CAM 列车正方向运行，中央 ATS 工作站取消前方区间的全自动运行授权，观察列车反应情况（运行至下一站打开车门不关闭，不允许自动发车）。
（2）观察并记录无全自动授权的列车无法以 FAM 或 CAM 模式运行。

（四）预期结果

列车运行情况符合设计要求。

二十七、关键设备状态监视功能测试

（一）功能介绍

各专业能对各专业子系统系统关键设备状态监视。

（二）测试范围

所有设备遍历测试。

（三）测试内容及方法

（1）ATS 能对关键设备运行状态监视，包括：ATS 服务器、ATS 工作站、大屏系统、地面 CCTV 系统、地面 PIS 系统、专业无线调度集群系统、地面 PA 系统、ISCS 服务器、ISCS 工作站、道岔、ZC、联锁、站台应急门、接触网带电状态、门禁系统。
（2）核查并记录关键设备状态监视相关功能是否符合设计要求。

（四）预期结果

关键设备状态监视功能符合设计要求。

第二节　车辆系统牵头功能测试

一、列车障碍物检测功能测试

（一）功能介绍

车辆在碰撞障碍物后紧急停车。

（二）测试范围

应在场段、正线对每一列车都进行此项测试。

（三）测试内容及方法

在 FAM 模式下，模拟列车障碍物检测设备检测到异物，记录是否满足以下情况：
① 列车立即触发紧急制动。
② ATS 工作站显示报警信息。
③ 中央 ISCS 工作站推送列车前置 CCTV 图像。
④ 车载广播联动播放预录广播。
⑤ 人工复位障碍物检测设备能以 FAM 模式继续运行。

（四）预期结果

列车自动触发紧急制动，ATS 工作站显示列车障碍物检测报警信息，OCC 能查看对应区域的视频，车载广播能联动播放预录广播。人工复位障碍物检测设备后，列车能继续以 FAM 模式运行。

二、车门紧急解锁授权功能测试

（一）功能介绍

当乘客操作紧急解锁装置，将会触发告警信息，响应紧急解锁请求。

（二）测试范围

应在场段、正线对每一列车所有门都进行此项测试。

（三）测试内容及方法

FAM 运行模式下，激活客室车门对应紧急解锁手柄后，记录中央 ISCS 工作站是否具有视频联动，车辆邻近的紧急对讲是否被触发，是否可授权或者禁止授权。若确认授权后，紧急解锁手柄可被操作，中央 ATS 工作站可显示相应车门状态，观察车门紧急解锁指示灯状态变化。

（四）预期结果

FAM 运行模式下，激活客室车门对应紧急解锁手柄后，中央 ISCS 工作站推送手柄区域 CCTV，车门邻近的紧急对讲被触发。授权后紧急紧锁手柄可被操作，中央 ATS 工作站显示相应车门状态，车门紧急解锁指示灯显示正确，同时可远程禁止列车紧急解锁打开车门。

三、车门防夹联动功能测试

（一）功能介绍

车门触发障碍物检测不能关闭时，中央与车站 ATS 工作站显示车门的防夹报警及联动。

（二）测试范围

（1）应在场段、正线对每一列车所有门都进行此项测试。
（2）需要对正线车站进行抽测。

（三）测试内容及方法

列管员触发车门防夹，记录站台门是否联动站台门状态指示灯提示，OCC 能否查看对应区域的视频。

（四）预期结果

列管员触发车门防夹，站台门联动站台门状态指示灯提示，OCC 能查看对应区域的视频。

四、列车火灾及联动功能测试

（一）功能介绍

停站期间列车发生火灾时，列车打开车门不关闭，疏散乘客。在区间运行时列车发生火灾，列车不自动打开车门，运行至下一站对标停车，打开车门不关闭，疏散乘客。

（二）测试范围

应在场段、正线对每一列车所有烟感装置都进行此项测试。

（三）测试内容及方法

列车发生火灾是否实现以下功能：

（1）车辆检测到列车发生火灾时，通过车载 CC 将火灾报警信息上报 OCC，中央 ATS 工作站、中央 ISCS 工作站显示报警信息。
（2）中央 ISCS 工作站自动推送列车火灾报警区域 CCTV。
（3）车辆检测到火灾报警后，自动关闭全列车空调。
（4）列车火灾报警需要人工本地复位。

（四）预期结果

（1）中央 ATS 工作站、中央 ISCS 工作站显示报警信息。
（2）中央 ISCS 工作站自动推送列车火灾报警区域的 CCTV。
（3）车辆自动关闭全列车空调。
（4）列车火灾报警只能人工本地复位。

五、列车登乘功能测试

（一）功能介绍

工作人员可从 Tc 车 1 或 2 号门通过操作车厢外电解锁开关或外部紧急解锁后，进入车厢并能在车内关闭车门。

（二）测试范围

（1）应在场段、正线对一列车进行此项测试。

（2）可以采用任意一列车对全自动区域进行抽测。

（三）测试内容及方法

FAM 列车停在正线存车线，列管员按规定流程进行登乘作业，观察并记录列车反应情况及相关功能（如列车登乘指示灯、车门状态等）是否符合以下情况：

（1）工作人员可从 Tc 车 1 或 2 号门通过操作车厢外电解锁开关或外部紧急解锁进入车厢并能在车内关闭车门。

（2）列车整车断电后，工作人员能使用车厢内电解锁开关打开车门下车。

（四）预期结果

列车登乘相关功能符合设计要求。

第三节　通信系统牵头功能测试

一、远程列车广播功能测试

（一）功能介绍

当需要进行运营调整作业时行调人员可通过操作行调工作站设置广播联动。

（二）测试范围

应在场段、正线对每一列车都进行此项测试。

（三）测试内容及方法

（1）记录中心对列车进行远程预录制广播时，车辆是否播放相应广播。

（2）记录中心对列车进行远程人工广播时，车辆是否播放相应广播。

（四）预期结果

车辆播放相应预录制广播及人工广播。

二、远程乘客紧急对讲功能测试

（一）功能介绍

客室内设置紧急呼叫按钮，当乘客触发客室内的紧急呼叫按钮后，可与中心乘客调通话。

（二）测试范围

应在场段、正线对每一列车所有紧急对讲装置都进行此项测试。

（三）测试内容及方法

列管员激活列车车厢内乘客紧急对讲装置，记录列车与中心是否具备实时对话及录音功能：

（1）显示 IPH 触发信号及位置。

（2）列车与控制中心建立实时双向通话。

（3）控制中心应能对所有乘客紧急对讲通话录音。

（4）激活多个 IPH 时，应能上报并在中心显示。选择任一接通后，其余未被接听的紧急对讲应保留请求。

（5）乘客紧急对讲接通时，中心推送紧急对讲装置及相应区域 CCTV。

（6）乘客紧急对讲通话结束后，通过操作界面进行挂断。

（四）预期结果

IPH 激活后，控制中心联动触发 IPH 控制窗口并推送相应 CCTV，控制中心与列车建立实时双向通话，可对乘客紧急对讲通话录音。多个 IPH 激活后，在中心显示并选择接通，通话结束后，可在中心挂断。

三、远程乘客信息发布功能测试

（一）功能介绍

当需要进行运营调整作业时行调人员可通过操作行调工作站设置乘客信息。

（二）测试范围

应在场段、正线对每一列车都进行此项测试。

（三）测试内容及方法

（1）记录中心对列车进行远程预录制文本发布，车辆 PIS 屏是否播放相应信息。

（2）记录中心对列车进行远程文本“紧急播报”发布，车辆 PIS 屏是否播放相应信息。

（3）记录中心对列车进行远程自定义文本发布，车辆 PIS 屏是否播放相应信息。

（四）预期结果

车辆 PIS 屏播放相应文本信息。

第四节　综合监控系统牵头功能测试

一、主备控制中心切换功能测试

（一）功能介绍

当主用控制中心发生失电、火灾、爆炸、炸弹毒气恐吓、地震、战争等会危及主用控制中心各岗位人员人身安全或影响主用控制中心正常运作的情况时，可启用备用控制中心组织地铁运营，不至于使运营中断。

（二）测试范围

（1）仅需对一列车进行测试。

（2）可以采用任意一列车对列车在场段、正线区域内进行测试。

（三）测试内容及方法

（1）主用控制中心信号系统应用服务器或通信服务器或接口服务器双套故障后，自动切换至备用控制中心设备，不影响主用控制中心操作终端的正常使用。

（2）主用控制中心综合监控系统两套 FEP 或实时服务器均故障时，能切换至备用控制中心设备，不影响主用控制中心操作终端的正常使用。

（3）PIS 系统为主备冗余配置，主用控制中心 PIS 主机故障后，可自动转换至备用控制中心 PIS 主机，不影响主用控制中心操作终端的正常使用。

（4）广播系统为主备冗余配置，主用控制中心广播主机故障后，不会自动转换至备用控制中心广播；信号系统系统切换至备用控制中心后，广播系统自动跟随切换至备用控制中心。

（5）登录备用控制中心各调度工作站，可选择切换为当前主中心，切换完毕，具备监控功能。

（6）记录控制中心切换时各设备的工作情况。

（四）预期结果

主用控制中心切换至备用控制中心服务器后，各专业功能正常。

二、远程调用车载视频图像功能测试

（一）功能介绍

可在中央 ISCS 工作站上或 CCTV 工作站上调用列车上的实时视频图像。

（二）测试范围

应在场段、正线对每一列车都进行此项测试。

（三）测试内容及方法

在中央 ISCS 工作站上调用列车上的实时视频图像。

（四）预期结果

中央可远程调用车载视频图像，对列车车厢进行实时监视。

三、端门监控及联动功能测试

（一）功能介绍

端门打开时，综合监控联动显示。

（二）测试范围

需要对正线每一个站台都进行此项测试。

（三）测试内容及方法

模拟端门打开，观察 ISCS 工作站上端门状态显示和 CCTV 推送情况。

（四）预期结果

车站 ISCS 工作站上能显示端门打开信息，并联动推送打开端门处的 CCTV。

四、人防门监控及联动功能测试

（一）功能介绍

人防门关闭时，综合监控联动显示。

（二）测试范围

需要对正线每一个人防门都进行此项测试。

（三）测试内容及方法

人防门状态丢失是否实现以下功能：

（1）中央与车站 ISCS 工作站显示报警信息。

（2）ISCS 推送对应人防门处 CCTV。

（四）预期结果

中央与车站 ISCS 工作站显示报警信息，ISCS 推送对应人防门处 CCTV 用于监视确认。

五、防淹门监控及联动功能测试

（一）功能介绍

防淹门关闭时，综合监控联动显示。

（二）测试范围

可以采用任意一列车对正线每一个防淹门都进行此项测试。

（三）测试内容及方法

模拟某车站防淹门“打开且锁闭”信号丢失，记录 FAM 模式列车运行状态及 ATS 和 ISCS 工作站显示信息是否满足以下情况：

（1）ATS 工作站显示报警信息。

（2）中央和车站 ISCS 工作站显示报警信息。

（3）中央和车站 ISCS 工作站联动推送对应防淹门处的 CCTV。

（4）正在接近防淹门区域或防淹门区域内的列车产生紧急制动，防淹门区域外的列车运行至对应站台无法动车。

（5）ATP 防护模式下的列车无法通过防淹门区域。

（四）预期结果

防淹门“打开且锁闭”信号丢失情况下，相关专业的监控和联动状态及列车的运行状态符合设计要求。

六、区间积水监控功能测试

（一）功能介绍

区间水位监测设备检测到超高水位，综合监控联动功能。

（二）测试范围

需要对 2 个区间进行抽测。

（三）测试内容及方法

模拟某个区间水泵超高水位报警，记录中央和车站 ISCS 工作站显示信息是否满足以下情况：

（1）中央 ISCS 工作站上显示该区间超高水位报警信息。

（2）车站 ISCS 工作站上显示该区间超高水位报警信息。

（3）中央、车站 ISCS 工作站推送水泵区域 CCTV。

（四）预期结果

中央和车站 ISCS 工作站能正常显示区间超高水位报警信息，并推送水泵区域 CCTV 用于监视确认。

第五节　站台门系统牵头功能测试

一、站台门/车门间隙检测功能测试

（一）功能介绍

检测到车门与站台门间隙有异物或间隙检测装置故障，信号系统无法收到站台门“关闭且锁紧”信号，停站列车不允许发车。

（二）测试范围

只需要用任意一列车在全线车站上下行站台进行测试。

（三）测试内容及方法

（1）列车以 FAM 模式在站台完成正常开关门作业后，在车门与站台门间隙处放入障碍物，间隙探测装置检测到异物后进行报警。

（2）记录综合监控工作站报警提示，记录 ATS 工作站显示的站台门状态和列车状态。

（3）障碍物移除后，记录间隙检测装置报警消失情况和列车运行情况。

（四）预期结果

间隙检测装置检测到异物应立即报警，在中央 ATS 工作站显示站台门未关闭状态，列车无法发车。障碍物移除后，列车正常发车。

第七章　工程设计技术要求

全自动运行线路设计除了考虑运营场景及接口等，还需在工程设计上，根据全自动运行特点考虑隔离、分区及防护距离等条件，提出工程设计技术要求。

第一节　段/场工程设计技术要求

一、段/场整体工程设计技术要求

（1）段/场分为自动化区和非自动化区，总平面图布置要进行合理分区，避免交叉作业。道路布置应尽量避免与自动化区线路平交。人员作业区、办公区和生活区应尽量设置在非自动化区。

（2）试车线、工程车库、镟轮库等应设置在非自动化区内。

（3）出入段线、停车列检库及相应咽喉区、洗车机库宜设置在自动化区。

（4）双周三月检线路宜设置在自动驾驶区，困难条件下，可以布置在人工驾驶区。

（5）自动化区与非自动化区之间应设置转换轨，一般设于牵出线或两分区咽喉区的联络线上，转换轨长度满足 1 列车长+60 m。

（6）牵出线、洗车机库前（后）根据信号系统要求，应设置至少 15 m 安全防护距离。

（7）运用库、自动化区与非自动化区转换轨处应设置登乘平台，登乘平台的位置应与信号停车点匹配，保证列车停在停车点前后一定误差范围内工作人员可以通过登车平台上下车。

（8）车辆段运用库、调机库、检修主厂房天窗应考虑通风、排烟，还应考虑防水性能，避免下雨时雨水从天窗进入。

（9）车辆段出入段线。

① 桥路连接处增设挡砟墙。

车辆段出入段线桥路结合部位置设置挡砟墙，避免碎石道床石砟滑坡而造成轨枕单边空吊。

② 出入段线混凝土墙高度及强度满足防洪要求。

③ 墙外侧靠近市政道路时，应设防撞设施。

二、运用库设计技术要求

（1）运用库若采用一线多列位的布置，列位之间宜满足 20 m 安全距离，末端列位宜满足

15 m 安全距离要求，库线长度需考虑车挡安装距离，建议采用液压缓冲式立臂车挡。

（2）由于运用库为自动化区，在运用库库前平过道和中间横向通道加设门禁系统，以保证正常运营时段形成物理隔离。

（3）运用库内设置隔离栅栏，将运用库划分为若干保护单元，作业人员进入某保护单元作业时，不干扰其他单元内列车的运行。

（4）运用库应设置地下通道（或架空廊道），通道与轨道立交，保证作业人员进入作业区域的过程中与自动行驶的列车互不干扰。通道口可设置在库中间，也可设置在库尾。

（5）运用库可不设置车库大门，以简化出入库控制，保证列车进出库安全、便捷。必要时采用红外对射等软隔离措施。

（6）双周三月检线设置在运用库内时，每条双周三月检线须设置为一个隔离区，作业平台上须设置隔离防护设施。

（7）库内每两股道设置一个防护分区，每个分区设置一个工作人员防护开关（SPKS），每个防护分区的入口设置工作人员防护（SPKS）指示灯。

（8）运用库 A、B 股之间的库中通道隔离防护门应采用远程电子门锁装置，以提高现场作业或应急情况下人员疏散效率，并可实现按需求选择股道遥控开启。

（9）运用库地下通道门不应为封闭式，容易造成地下通道空气混浊异味重，应考虑通风需求，可增设通风系统。

（10）运用库通道应配置全封闭防火门，便于于现场管理。

（11）运用库库门外应按股道防护分区设隔离栅栏并延伸到平交道外岔区警冲标处，以确保库前平交道道口有效隔离，避免作业人员从相邻防护分区经此区域穿越到其他防护分区。

（12）为减少登车安全风险，登车梯位置设计应满足地下通道上到地面后直接登乘列车，不应存在跨股道登车的情况。

第二节　正线工程设计技术要求

一、区间工程设计技术要求

（1）应在正线折返线、存车线安装登车平台，方便列管员登乘列车。

（2）为确保工作人员进入存车线、折返线安全登乘列车，应在正线存车线、折返轨设置经站厅层直接进入轨行区的独立登车通道。

（3）为解决地下车站落轨梯与区间隧道疏散平台不连贯，有利于隧道内出现雨水倒灌后人员的观察和紧急疏散，消除安全隐患，应采用在人防隔断门处增设防护密闭小门等措施，实现区间隧道疏散平台与站台相互连接。

（4）与车辆段衔接的正线车站道岔配线设计应考虑在出入段线停放备车后，回库列车仍可通过出入段线进入洗车路线进行洗车，不需先回运用库后再进入洗车库。

（5）端门外轨行区应实现全封闭，区间废水泵房等房间可进入轨行区的门均须可靠物理封闭，并设置门禁系统。

二、车站工程设计技术要求

（1）车站设备区吊装孔周边应设置防护栏杆、警示标识，以保护属地巡检人员安全，防止人员绊倒、踏空等，避免安全风险。

（2）应避免车站车控室和站长室门体相撞的情况，影响正常使用。

第三节　系统工程设计技术要求

一、洗车机相关工程设计技术要求

洗车机应能与信号系统接口，实现通过式有端洗洗车、通过式无端洗洗车、尽头式有端洗洗车、尽头式无端洗洗车四种洗车方式。信号系统布置应考虑如下两种洗车作业方式：

（1）先洗车再入库。列车结束运营后自动回段，回段后直接进入洗车线洗车，洗完车后回库。

（2）先入库再洗车。列车结束运营后自动回库，回库后再通过自动调车将列车调入洗车线洗车，洗车完成后再回库。

二、通信系统相关工程设计技术要求

（1）由于全自动运行线路采用 LTE 综合承载无线集群、CBTC 及列车信息业务，当区间漏缆出现故障时，将严重影响列车运行及部分全自动运行功能。应采用区间设置双漏缆方式，将双网无线信号同时传输于双漏缆，增加了轨旁 LTE 综合承载网络的可靠性、稳定性及冗余性。

（2）段/场运用库无线覆盖需满足所有列位停满状态下列车同时在线的要求，运用库无线信号覆盖应采用漏缆覆盖方式，将库内区域划分为至少两个无线覆盖小区，从而大大提高空口容量，也更精确地控制无线信号的覆盖范围，更好地满足全自动运行系统需求。同时还应考虑优化工程车库板状天线布置方案，避免对运用库的无线造成干扰。

（3）应考虑建立无线信号临站覆盖的能力，保证单站故障不影响无线通信。

三、门禁系统相关工程设计技术要求

（1）自动化区每个防护分区的入口处设置一扇门和门禁，工作人员持有专用的门禁卡才能打开入口处的门。

（2）防护区入口处的刷卡器与此处的 SPKS 进行联锁，仅当 SPKS 激活后，才能给此刷卡器供电，持有的门禁卡才能通过刷卡器打开此门。如无 SPKS 激活，则无法打开此门。

（3）当门禁系统中的门锁系统断电后，门应自动解锁，可以被打开。

四、信号系统相关工程设计技术要求

（1）为防范轨行区积水引起转辙机进水而影响设备正常使用，需综合考虑转辙机基坑排水方案，可对每处基坑增设单台抽水泵、水位监测仪，水位达到一定程度，自动启泵。

（2）机柜配线、转辙机、信号机等配线标签和套管应采用机打且不易脱落的材料。

（3）应统筹协调各专业设计，避免转辙机安装位置与接触网拉线平台或者基础安装位置冲突。

（4）设备房上走线槽应做防进水设计处理，避免线槽进水后进入系统机柜。

（5）涉及到未开通线路设备使用封联线模拟条件，应考虑软件设计中做好相关条件。

（6）应在站台实现列车休眠唤醒功能。

（7）有网线和光纤的机柜应设置网线光纤理线架，保证线缆工艺质量。

（8）车载 CC 机柜应考虑防尘、散热、飞线等性能要求，以保证设备稳定运行、便于维保。

（9）道岔基坑标高设计应为 420 mm。以保证导致转辙机角钢螺丝下方有足够空间方便更换紧固件。

（10）应保证车站控制室工控机安装与维护空间，避免出现无空间进行维护的情况。

（11）机柜设计上走线时，应考虑机柜的固定方式，要求机柜必须能固定且不允许破坏机柜结构。

第八章 全自动运行系统调试及运营筹备要求

第一节 全自动运行系统调试

一、动车调试前置条件

在接触网施工阶段，应做到边参建边验收，在接触网热滑之前，完成对接触网状态的验收，以确保接触网满足热滑及动车调试要求。

1. 轨道工程

深入参建轨道施工，及时发现质量隐患，推进前期问题整改闭环工作。验收接管前，对轨道状态进行精调，并对轨道动态几何状态进行测试，确保各项参数满足设计及高速行车要求。

2. 信号系统

确保联锁功能正常，将室内外设备一致性检查作为重点。确保道岔状态良好。

3. 与动车调试相关的通信系统

确保 1.8G 手持台可用，并根据需求做好分组、配置；完成与行车有关的无线、有线网络调试，确保车地通信良好，满足动车调试需求。

4. 供电系统

确保供电系统运行正常，满足动车调试要求；牵混所值班人员具备停、送电资质，所内有人值守，所内专用电话功能良好。

5. 综合监控系统

与供电系统配合，在热滑前完成 PSCADA 功能调试，实现远程停送电功能，有利于动车调试期间，区间施工作业停送电的高效与安全。

6. 站台门系统

至少应做到站台门完成安装，起到轨行区物理隔离作用，并且要做到锁闭良好，不会被活塞风顶开等。宜完成室内设备安装，具备与信号专业接口调试条件。

7. 车辆

优化整合验收项点，在生产制造基地出厂前提前完成部分验收项点。在车辆段未能入驻前，尽可能将车辆转运到既有线存放，开展验收工作，确保动车调试所需的电客车调试完成，具备上线运行条件。

二、全自动运行系统调试工期需求

全自动运行系统动车调试需先完成大部分信号、车辆动车调试及型式试验（包含弓网检测、轮轨关系检测等），同步进行涉及全自动运行的通信、信号、车辆、综合监控、站台门专业相关单系统调试及系统间接口调试。在上述调试完成后进行全自动运行功能调试，待功能调试基本通过后开始进行所有车站、所有车辆的数据项测试，然后再开展场景测试，尤其是故障场景及应急场景的测试。结合全国全自动运行线路调试经验，调试时间共计 218 天，考虑到开放施工的时间，整个调试时间约 8 个月。具体情况如下：

（一）动车调试说明

（1）考虑到调试安全及效率，每天调试时间为 16 h；

（2）每周调试时间为 6 天，1 天开放施工。

（二）动车调试内容及时间

（1）信号 CBTC 功能调试、车辆动车调试，其中信号需要 60 天，车辆需要 15 天，共计 75 天。

（2）通信、信号、车辆、综合监控、站台门专业相关单系统调试及系统间接口调试，以及通信无线网络优化测试，与信号、车辆动车调试可同步开展，但是需要动车配合的测试项需要 15 天。

（3）全自动运行系统功能第一轮调试，含所有点位测试，反向测试，共需要 40 天。

（4）共需至少三轮软件回归测试，对前期测试的问题进行软件升级并对部分内容进行复测，需要 15 天。

（5）所有车站及所有车辆数据项测试需要 30 天。

（6）正常场景测试验证需要 7 天，故障场景测试验证需要 15 天，应急场景测试验证需要 6 天，共计 28 天。

（7）最终版软件回归测试，解决所有问题并进行复测，需要 15 天。

综上，调试时间共计 218 天，考虑到开放施工的时间，整个调试时间约 8 个月。

第二节　运营筹备工作要求

为确保初期运营筹备各项工作顺利实施，根据整体工筹节点安排，应明确运营筹备工作节点，包括试运行、文本编制、人员培训、应急预案及演练，以及运营管理综合报告的编制等相关节点。为确保相关工作顺利推进，可成立初期运营筹备工作组，统筹推进筹备相关工作。

一、领导小组及领导小组工作办公室

在设立总经理牵头的领导小组的基础上，根据各部门分管领导的不同，设专项工作办公室。

（1）运营筹备及系统联调工作办公室。

由负责运营筹备及系统联调相关部门的分管领导任组长，部门负责人任副组长，各相关部门、中心任组员，整体统筹推进运营筹备及系统联调工作。授权、指导工作组开展运营筹备及系统联调工作。

（2）试运行工作办公室。

由负责运输管理、调度指挥相关部门的分管领导担任组长，部门负责人担任副组长，各相关部门、中心任组员，统筹推进试运行相关工作，授权、指导试运行工作组开展试运行相关工作，并总体审核试运行报告。

二、工作小组

按照系统联调、试运行、安全保障、统筹保障、宣传报道、物资保障等工作内容，设立各工作小组，在领导小组及专项工作办公室的领导下开展具体工作。

1. 系统联调工作组

（1）全面负责动车调试及信号、通信、车辆、综合监控、供电、AFC、通风空调、给排水、低压供电、站台门、电扶梯等专业设备系统联调的组织实施、过程管理。

（2）负责制订系统联调、场景测试内容和标准，负责联调、场景测试项目实施细则、实施方案等管理文本的编写、发布工作。

（3）在保证工程节点的前提下，根据项目实施的具体情况制订合理的调试计划，定期报系统联调工作办公室。

（4）负责系统联调工作的实施，包括施工计划提报、请销点、现场安全管控、联调数据的记录分析等工作，制订并落实安全保障措施，确保联调过程中的人员、设备安全。

（5）负责编制场景测试验证大纲，制订场景测试验证方案并落实。

（6）督促、跟踪联调、场景测试验证中不合格项的整改落实情况。

（7）负责编写所辖联调项目工作报告、系统联调报告，报筹备及系统联调工作办公室审核。

（8）定期组织召开工作组会议，编写系统联调实施总结报告、场景测试验证工作报告，报系统联调工作办公室。

2. 试运行工作组

（1）全面负责试运行的组织实施、过程管理。

（2）负责编制试运行组织方案及运作命令，明确试运行工作计划并负责发布、落实。

（3）负责试运行期间的施工管理，定期召开施工协调会。

（4）负责编写试运行报告，报试运行工作办公室。

（5）负责编制初期运营行车组织方案。

3. 安全保障组

（1）参与系统联调安全管理文件的编制及发布。

（2）负责应急预案收集汇总并发布。

（3）负责统筹安全生产宣传教育工作，监督、检查各单位安全培训工作。

（4）统筹初期运营安全评估规定的应急演练。

4. 统筹保障组

（1）负责制订、发布、验收、接管和系统联调总体方案、总体计划。
（2）牵头协调初期运营筹备工作中出现的各类问题。
（3）负责编制初期运营准备综合报告。
（4）牵头配合初期运营安全评估相关工作。

5. 宣传报道组

（1）负责做好初期运营筹备期间的宣传报道工作。
（2）负责开通宣传方案的编制并负责落实。

6. 物资保障组

（1）负责做好初期运营筹备期间的物资保障工作。
（2）牵头负责备品备件接收工作。
（3）负责运营筹备所需物资的供应。

三、筹备专业组

为保障系统联调、试运行等初期运营筹备工作的顺利实施，设各专业组并落实各部门职责，各专业组组成及职责如下

1. 调度组

（1）负责调度指挥权的接管工作，并督促接管过程中发现问题的整改落实情况。
（2）负责调度指挥权接管后的施工组织、调度指挥。
（3）在不影响调试工作的前提下，负责组织调度人员进行进行相关设备的操作培训。
（4）配合完成各项测试、演练工作。

2. 站务组

（1）负责属地管理权的接管工作，并督促接管过程中发现问题的整改落实情况。
（2）负责各车站轨行区入口的管理。
（3）在不影响调试工作的前提下，组织站务人员进行相关设备的操作培训。
（4）配合完成各项测试、演练工作。

3. 乘务组

（1）负责司机的上岗培训。
（2）根据系统联调及试运行需求，提供足够具备资格的司机。
（3）配合完成各项测试、演练工作。

4. 通号组

（1）负责动车调试的组织实施、过程管理。
（2）负责制订动车调试的内容及标准，编写动车调试方案并负责落实。全面参与、配合全自动运营场景功能验证。
（3）负责督促动车调试中不合格项的整改落实。

（4）负责通信、信号系统的运营验收、接管及系统联调的组织实施、过程管理。

（5）负责制订通信、信号设备验收、系统联调内容及标准，编写通信、信号系统联调实施细则及方案。

（6）负责督促、跟踪通信、信号设备验收、系统联调中不合格项的整改落实。

（7）确保系统联调、试运行期间专用无线设备正常工作。

（8）负责公安通信、民用通信系统的督导调试工作。

（9）负责编写动车调试工作报告和通信、信号系统联调工作报告。

5. 车辆组

（1）负责车辆验收接管、系统联调工作的组织实施、过程管理。

（2）负责制订车辆验收、系统联调内容及标准，编写车辆系统联调实施细则及方案。

（3）负责定期对列车运行状态进行检查，负责验收及系统联调过程中车辆故障的处理及问题的整改，为动车调试及试运行提供状态良好的列车。

（4）全面参与、配合全自动运营场景功能验证。

（5）负责督促、跟踪车辆验收、系统联调过程中不合格项的整改落实。

（6）负责制订车辆调试过程中的故障应急处理方案。

（7）负责编写车辆系统联调工作报告。

6. 供电组

（1）负责供电系统运营验收、接管及系统联调的组织实施、过程管理。

（2）负责制订供电设备验收、系统联调内容及标准，编写供电系统联调实施细则及方案。

（3）确保系统联调过程中的供电安全可靠。

（4）负责督促、跟踪供电设备验收、系统联调中不合格项的整改落实。

（5）负责编写供电系统联调工作报告。

（6）配合完成各项测试、演练工作。

7. AFC 组

（1）负责 AFC 系统运营验收、接管及系统联调工作的组织实施、过程管理。

（2）负责制订 AFC 设备验收、系统联调内容及标准，编写 AFC 系统联调实施细则及方案。

（3）全面参与、配合各项测试、演练工作。

（4）负责督促、跟踪 AFC 设备验收、系统联调中不合格项整改落实。

（5）负责编写 AFC 系统联调工作报告。

8. 线路组

（1）配合完成轨道工程的验收，接收轨道工程验收合格证明。

（2）负责轨道、桥隧、房建专业等运营验收及接管工作，并负责督促问题的落实整改。

（3）负责督促、配合施工单位对线路、道岔设备的日常维护保养，确保设备状态满足系统联调过程中行车安全需要。

9. 机电自动化组

（1）参与建设方组织的自动化、环电、门梯相关专业单体调试、接口调试，做好记录。

（2）牵头运营车站综合联调（含场段、主所）总体内容及标准的编制。

（3）负责运营车站综合联调的组织实施，把控好整体流程、进度，并对相关参与联调人员进行组织安排，安全管理。

（4）汇总车站综合联调中各专业问题，并督促各方落实整改，做到问题全过程跟踪闭环。

（5）负责车站综合联调工作报告的编写。

（6）全面参与、配合全自动运营场景功能验证。

（7）负责自动化、环电、门梯相关专业运营验收及接管工作，督促、跟踪建设方对不合格项的整改落实。

四、各部门工作任务

在工作组专业组基础上，各相关部门应以部门为单位，落实其他运营筹备各项工作职责。

1. 新线管理运营筹备牵头部门

负责牵头新线接管、系统联调、配合新线初期运营安全评估以及其他运营管理工作。主要包括完成新线初期运营管理工作组织架构的搭建工作。启动新线初期运营安全评估准备工作。完成新线系统联调报告，完成初期运营准备综合报告及 PPT 的制作。

2. 负责运输管理部门

负责牵头新线试运行工作，负责牵头完成新线所辖各专业规程编制、发布工作。主要包括完成《行车组织规则》《施工管理规定》等的编制与发布。完成《客运组织方案》《票务组织方案》《初期运营行车组织方案》的编制与发布。完成《试运行报告》。

3. 安全监察部（安全质量部）

牵头负责新线总体安全管理工作，负责监督检查新线员工安全培训，负责牵头新线施工单位、委外单位等安全协议签订工作，负责牵头新线应急队伍建设工作，负责牵头编制应急演练计划并发布。主要包括：完成新线应急预案汇总收集及发布。完成新线应急队伍建设，应急组织与应急装备准备工作。完成新线员工安全培训和三级安全教育监督检查工作。完成新线初期运营安全评估规定的应急演练。

4. 人力资源部

负责牵头新线相关岗位人员招聘到位及上岗取证工作。完成新线人员招聘工作，分批次完成调度、司机、站务、设备维护人员、委外人员等工种的培训及上岗证（含特种设备作业证）取证工作。

5. 行政办公室（综合部）

负责牵头新线场段属地管理权接管工作，负责初期运营管理工作中的后勤保障工作，负责新线交通、接驳工作。完成场段大物业（食堂、安保、保洁、办公桌椅等）进场。完成新线员工接驳车准备工作。

6. 物资管理部

负责新线管理所需物资的供应，牵头组织新线备品备件接管工作。负责牵头新线非招标采购工作。完成场段物资库接管工作。完成新线备品备件接收工作。完成主要办公物资到位。

7. 各设备专业业务管理部门（维保管理部、车辆管理部）

负责牵头新线维保工作，负责牵头完成新线所辖各专业维修规程编制、发布工作。完成新线检修计划编制、发布工作。落实新线维保模式。完成新线所辖各专业检修规程编制工作。

8. 党委工作部

负责牵头新线宣传工作。组织运营内部完成新线开通宣传片制作。完成新线开通宣传方案编制，并组织落实（包含试乘方案）。完成志愿者招募及组织工作。

9. 各生产中心

完成新线设备接管，配合系统联调、试运行等工作，负责新线所辖专业的检修规程等技术类文本的编制及发布，负责新线所辖设备维护人员的培训并配合完成上岗取证工作。

五、相关工作要求

1. 责任落实

各工作组及专业组承担对应工作的主体责任，实行组长负责制，小组成员负责具体实施。各工作组及专业组要提早谋划方案，制订实施细则，做到任务明确、责任落实到人。各工作组及专业组积极、主动推动相关工作的有效落实。针对初期运营筹备工作中的困难和问题，积极主动与有关部门和单位对接协调，采取有效措施和方法，全力推动问题解决，确保高质量、高效率地完成初期运营筹备工作任务。

2. 计划管控制度

各工作组及专业组应制订详细工作计划，严格落实相关工作计划，因故对初期运营筹备计划进行更改，必须上报备案。

3. 会议机制

原则上工作会议每两周召开一次，主要协调解初期运营筹备工作中存在问题，制订相应对策，部署下一步筹备计划及策略。视工期紧张程度，可每周召开工作例会，建议会议邀请建设方相关施工负责人，对接运营筹备及联调接管过程中发现的问题，定期对接建设方主要领导，召开新线专项对接会，推进问题整改。

参考文献

[1] 中华人民共和国住房和城乡建设部. 地铁设计规范：GB 50157—2013[S]. 北京：中国建筑工业出版社，2013.

[2] 中华人民共和国住房和城乡建设部. 城市轨道交通技术规范：GB 50490—2009[S]. 北京：中国建筑工业出版社，2009.

[3] 中华人民共和国住房和城乡建设部. 城市轨道交通综合监控系统工程技术标准：GB 50636—2018[S]. 北京：中国建筑工业出版社，2018.

[4] 全国城市客运标准化技术委员会. 城市轨道交通运营管理规范：GB/T 30012—2013[S]. 北京：中国标准出版社，2013.

[5] 中华人民共和国建设部标准定额研究所. 地铁车辆通用技术条件：GB/T 7928—2003[S]. 北京：中国质检出版社，2003.

[6] 中华人民共和国建设部标准定额研究所. 城市轨道交通信号系统通用技术条件：GB/T 12758—2004 [S]. 北京：中国质检出版社，2004.

[7] 全国牵引电气设备与系统标准化技术委员会. 轨道交通城市轨道交通运输管理和指令/控制系统规范：第一部分 系统原理和基本概念：GB/T 32590.1—2016[S]. 北京：中国标准质检出版社，2016.

[8] 全国牵引电气设备与系统标准化技术委员会. 自动化的城市轨道交通（AUGT）安全要求规范：第一部分 总则：GB/T 32588.1—2016[S]. 北京：中国标准出版社，2016.

[9] 中国城市轨道交通协会. 全自动运行系统规范：T/CAMET 04017—2019[S]. 北京：中国铁道出版社，2019.

附　录　专业名词中英文对照表

ATC	Automatic Train Control	列车自动控制
ATS	Automatic Train Supervision	列车自动监控
ATP	Automatic Train Protection	列车自动防护
ATO	Automatic Train Operation	列车自动驾驶模式
ATPM	Automatic Train Protection Manual	ATP 监督的人工驾驶模式
BAS	Building Automatic System	机电设备自动化系统
BOCC	Back-up Operation Control Centre	备用控制中心
CAM	Creep Automatic Mode	蠕动模式
CI	Computer Interlocking	计算机联锁系统
CBTC	Communication Based Train Control System	基于通信的列车自动控制系统
CC	Car borne Controller	车载控制器
CCTV	Close Circuit Television	闭路电视
DCC	Depot Control Centre	车场控制中心
DOI	Door open indicator	门头指示灯
EB	Emergency Braking	紧急制动
FAM	Fully-Automatic Train Operating Mode	全自动运行模式
FAS	Fire Alarm System	火灾报警系统
FRM	Fully-Automatic Restricted Train Operating Mode	全自动限速运行模式
FSB	Full Service Brake	全常用制动
IATO	Intermittent Automatic Train Operation	点式控制下的列车自动运行模式
IATP	Intermittent Automatic Train Protection	点式控制下的 ATP 监督人工驾驶模式
IBP	Integrated Backup Panel	综合后备盘
IPH	Imminence Phone Handle	紧急对讲电话
ISCS	Integrated Supervision Control System	综合监控系统
LCB	Local Control Box	站台门就地控制盒

续表

LTE	Long Term Evolution	长期演进系统
NOM	None Operation Mode	无模式
OCC	Operation Control Centre	控制中心
URM	Emergency Unrestricted Manual	ATP 切除模式
PA	Public Address	广播
PIS	Passenger Information System	乘客信息系统
PSCADA	Power Supervisory Control and Data Acquisition	电力监控系统
PED	Platform Edge Doors	站台门
PSL	PED Local Control Panel	站台门现场控制盘
RM	Restricted manual	限制人工驾驶模式
SPKS	Staff Protection Key Switch	人员防护开关
TAU	Train Access Unit	车载接入单元
TCMS	Train Control and Management System	列车控制及监控系统
ZC	Zone Controller	区域控制器
ZC.DS	Zone Controller. Data storage	有临时限速功能的区域控制器